Maria Baldus-Cohen-Or

Schattenzeiten – Lichtspuren

Text von Maria Baldus-Cohen-Or
Illustrationen von Beni Cohen-Or

Schattenzeiten – Lichtspuren

Frauenportraits

KlensVerlag · Düsseldorf

ISBN 3-87309-148-8

Umschlaggestaltung:
BRÜSSELER*spitze* Werbeagentur, Köln
Titelbild: Beni Cohen-Or, Maler und Bildhauer
Satz und Druck: Memminger Zeitung, Verlagsdruckerei GmbH, Memmingen

Inhaltsverzeichnis

Glücklichsein
ist keine
Glückssache

Ein Wort zuvor

Fünfundzwanzig Jahre lang war ich als Sozialarbeiterin und Eheberaterin in einem Kurhaus der Katholischen Arbeitsgemeinschaft für Müttergenesung tätig. In dieser Zeit bin ich über elftausend Frauen begegnet. Jeweils drei oder vier Kurwochen habe ich mit ihnen verbracht und habe viele durch Gespräche und kreative Gruppenarbeit näher kennengelernt.

In der ersten Zeit meiner beruflichen Arbeit erlebte ich die Frauen nur als Hilfsbedürftige. Sie waren körperlich und seelisch erschöpft; viele steckten mitten in einer Lebenskrise, hervorgerufen durch Trennung, Scheidung oder durch eine besonders schwierige familiäre Situation: zum Beispiel mit behinderten Kindern, pflegebedürftigen, suchtkranken oder (und) arbeitslosen Angehörigen. Oft waren damit auch finanzielle Probleme verbunden. So fühlte ich mich aufgefordert zu helfen, vor allem durch Gespräche, Beratung, Wegweisung. Obwohl ich erlebte, wie schwierig die Situation der jeweiligen Frau war, hatte ich den Anspruch an mich, ihnen innerhalb der Beratung einen Weg aufzuzeigen, wie sie aus ihrer Krise herausfinden könnten. Sehr schnell habe ich damals festgestellt, daß ich nicht permanent helfen durfte. Ich habe nicht erlebt, daß eigentlich doch nicht zu helfen war, aber ich entdeckte bald, daß die Frauen unbewußt „wußten", wie es weitergehen konnte. Sie suchten eigentlich jemanden, der ihnen wieder einen Anschub geben konnte, ihre verschütteten Kräfte wiederbeleben konnte, jemanden, der ihnen sagte, daß ihr Leben nicht verwirkt sei, trotz vorausgegangener Miseren. Sie suchten Ermutigung, Neuorientierung, jedoch nicht von einem Menschen, der alles wußte, sondern der mit ihnen auf der Suche war nach dem, was das Leben runder, heiler, vielleicht sogar glücklicher machen konnte.

Ziehe ich mit aller Vorsicht eine Bilanz der fünfundzwanzig Jahre Frauenarbeit, so kann ich sagen, daß die Müttergenesungskur für die meisten Frauen eine wichtige Raststation war. Jedoch nicht so sehr deshalb, weil es den Mitarbeiterinnen und Mitarbeitern möglich war, für eine kurze Strecke Weggeleit zu geben. Vielmehr war es den Frauen möglich, sich selbst neu zu entdecken in ihren starken und schöpferischen Seiten; sie nahmen wahr, daß hinter Depression und Traurigkeit Sehnsüchte nach tieferem, heilerem Leben verborgen sein können; es war ihnen möglich, neue Lebensimpulse zur ganzheitlichen Gesundung und Genesung aufzugreifen. So haben mich viele Frauen, die mir begegnet sind, immer wieder von innen her neu bereichert und zum Weitermachen ermutigt.
Ich habe an den Anfang der Portraits ein Gedicht gestellt, das den Titel *Lichtspuren* trägt. Der Inhalt spiegelt erlebte Begegnungen wider. Viele Frauen waren einmalig: in ihrer Herzlichkeit und Offenheit, in ihrer Hinwendung und Treue zu Menschen und allem Lebendigen, in ihrer Kreativität, aus Krisen Neues zu gestalten. In Dankbarkeit erinnere ich mich der vielen. Aus Dankbarkeit habe ich von einigen – selbstverständlich mit veränderten Namen und zeitlichen Zusammenhängen – ein Portrait erstellt.

Maria Baldus-Cohen-Or

Lichtspuren

„Warum das Dunkle und Schwere?“
fragte ich den Engel
an meiner Seite.
Doch er antwortete nicht.

„Wozu die Lasten und Schatten?“
fragte ich ihn später – ein wenig
weiser geworden.
Auch dazu schwieg er.

Mitten aus dem Schweigen jedoch
zeigte er auf die Lichtspuren
meiner Wegkarte.
Und er lächelte mir zu.

Das goldene Band

Sie kam nach einer Krebsoperation zur Kur. Aufgrund der durchgeführten Chemotherapie war sie körperlich sehr erschöpft. Sie freute sich jedoch über die Möglichkeit einer Erholung, äußerte in den ersten Tagen immer wieder, wie sehr ihr die Atmosphäre des Hauses nach dem Krankenhausaufenthalt und der Auseinandersetzung mit der Krebsdiagnose guttat. Innerhalb der Kurgruppe fiel sie durch ihre Freundlichkeit auf und ihre besondere Art, auf Menschen zuzugehen und mit ihnen ins Gespräch zu kommen. Sie versprühte einen besonderen Charme, der irgendwie zu Herzen ging. Obwohl sichtbar war, daß sie eine schwere Erkrankung hinter sich hatte, äußerte sie in Gruppen- und Beratungsgesprächen mehr Zuversicht als Angst. Aber es war ihr auch möglich, im Hinblick auf ihre Krankheit offen über depressive Zeiten zu sprechen; depressive Zeiten sah sie im Zusammenhang mit einer Mutter, die sie von ihrer Kindheit an mit ihrer übergroßen Liebe und ständiger Anbindung erstickt habe. Sie äußerte, daß sie manchmal noch viel Traurigkeit spüre, aber sie könne jetzt mit ihren Aggressionen umgehen, weil sie schon vor längerer Zeit eine Therapie begonnen habe. „Ich muß das einmal sagen, damit ich das selbst höre", sagte sie. „Ich kann mich heute für etwas entscheiden, ohne daß ich mich verpflichtet fühle, meine vierundsiebzigjährige Mutter vorher zu fragen. Und ich bin fähig, mit meinem Mann und meinen Kindern das Leben so zu gestalten, wie es uns gefällt, ohne daß meine Mutter zu unserem Glück beitragen muß."

Birgit – so nenne ich sie einmal – lebte auf in der Kur und belebte viele andere durch ihre herzliche, offene Art – aber auch durch ihre Fähigkeit, zurückzuschauen, anzuschauen, was schwer und belastend gewesen war, und

gleichzeitig zu fragen: Was kann und will ich jetzt bei mir verändern?
Im Arztgespräch bei der Schlußuntersuchung äußerte sie klar: „Ich werde keine weitere Chemotherapie machen lassen. Ich spüre, daß ich auch so gesund werde."

Es hat lange gedauert, bis Birgit nach der Kur ein Lebenszeichen schickte. Dies kam in der Niederschrift eines ihr wichtigen Traumes:
„Ich träumte viele Jahre einen mir unverständlichen Traum, der sich immer wiederholte. Ich träumte, daß sich durch meinen Körper ein schwarzes Band bewegte. Ich konnte es niemals stoppen. Es machte mich unruhig und traurig im Traum. Einige Monate nach der Kur träumte ich nun, daß ein goldenes Band durch meinen Körper fließt. Ich bin darüber aufgewacht und war sehr froh über diesen Traum. Das ist alles nun schon einige Zeit vorbei. Es geht mir gut. Es geht uns allen gut.
Ich bin inzwischen ehrenamtliche Mitarbeiterin bei der Telefonseelsorge. Das ist genau richtig für mich. Denken Sie nicht auch?"
Es sind viele Jahre vergangen seit meiner Begegnung mit Birgit. Ich weiß, daß sie noch als Seel-Sorgerin tätig ist. Eine Kurteilnehmerin überbrachte mir Grüße. Das goldene Band bewegt sich noch.

Auf der Suche nach mir selbst
lief ich viele Jahre
rundum im Kreis.
Ich bin mir davongelaufen,
hinter mir hergelaufen,
ohne mich zu finden.

Auf der Suche nach mir selbst
wanderte ich durch Ödland und Niemandsland.
Meine Schritte zur Mitte
blieben im Vordergründigen,
Diesseitigen, Berechenbaren.

Auf der Suche nach mir selbst
gab ich schließlich meinen Wegeplan auf.
Von da ab lief ich leichteren Herzens
durch alle Zufallsstraßen,
die mir entgegenkamen.
Und mitten auf dem Weg
spüre ich manchmal:
Ich bin bei mir angekommen.

Lisa

Sie war die jüngste Kurteilnehmerin, eine Mutter von siebzehn Jahren mit einem zweijährigen Sohn. Eine Sozialarbeiterin hatte sie entdeckt, als sie in einer akuten Krise war, und sie – ein wenig mit sanfter Gewalt – in eine Kur vermittelt. Sie fühlte sich dadurch überrumpelt und überhaupt am falschen Platz „bei so viel alten Tanten", wie sie die übrigen Frauen nannte. In den ersten Tagen war sie störrisch und beinahe unzugänglich für jeden Kontaktversuch. Erst in einem Gruppengespräch, in dem es um die Frage ging, wie die Frauen „Altweiberfastnacht" gestalten wollten, kam Leben in sie: Ja, sie könne die Organisation übernehmen und auch die „Obermöhne" sein, erklärte sie. Sie habe sowieso schon die richtigen „Klamotten" mitgebracht. Die Frauen waren ziemlich überrascht über diesen Vorschlag; sie hatten nicht erwartet, daß diese fast leblose Frau zu irgendwelchen Aktivitäten überhaupt fähig sein konnte. Etwas irritiert stimmten sie jedoch dem Vorschlag mit Beifall zu. Mir wurde ein wenig bang bei diesem Plan. Ich fragte nach weiteren Freiwilligen, die bei der Vorbereitung des Abends helfen wollten, und versprach, selbst einige Beiträge beizusteuern.

Es kam, wie ich befürchtet hatte. Lisa eröffnete die „Sitzung" und vergriff sich schon gleich zu Beginn im Ton mit einigen zweideutigen und schlecht vorgetragenen Witzen. Es kam kein Beifall aus der Gruppe. Der Vortrag wurde mit einem vielsagenden Kopfschütteln quittiert. Die nicht erwartete Stille erschreckte Lisa so sehr, daß sie – wie sie mir zuflüsterte – sofort weglaufen wollte. Ich kam ihr mit einem Musikvorschlag zu Hilfe. Sie ging darauf ein und forderte die Gruppe zu einem Tanz auf. Hier war sie in ihrem Element. Mit ihrer Musik verwandelte sie in kurzer Zeit den Karnevalsraum atmosphärisch in eine Disco und brachte alle – sogar die älteren Frauen – in Schwung. Viel Beifall erntete sie vor allem bei den jüngeren Frauen, weil sie die allerneuesten Hits mitgebracht hatte; außerdem konnte sie zeigen, wie der neueste Modetanz getanzt wurde.

In den Tagen nach dem Fest schien Lisa in einem guten Gleichgewicht zu sein. Sie fühlte sich trotz ihres schrägen Einstiegs in das Fest von der Gruppe angenommen, klinkte sich jedoch überall da aus, wo es um therapeutische Angebote ging. Sie äußerte immer wieder lautstark, daß ihr doch niemand helfen könne. Eine Einladung zu einem Werkabend mit Fimo lehnte sie ab, da sie doch nichts könne. Das habe man ihr immer schon gesagt, auch die Leute, bei denen sie eine Lehre versucht habe.
Da deutlich wurde, daß Lisa sich in der behandlungsfreien Zeit sehr langweilte, nahm ich sie mit in eine Bastelwerkstatt. Ich wollte ihr zeigen, welche einfachen und schönen Dinge machbar seien. Sie schien plötzlich ganz Feuer und Flamme zu sein. Lässig sagte sie, daß sie dies und jenes auch machen könne, aber sie habe eine Idee, etwas ganz anderes zu gestalten. So geschah es auch. Lisa stellte an dem Abend mit Fimo eine Vase her, die in Form und Farbe jeder von einem Künstler hergestellten Vase in nichts nachstand. Alle waren voller Bewunderung. Sie schien selber überrascht zu sein über ihr „Werk“. Spontan äußerte sie die Idee, daß sie mit solchem „Kram“ doch gut auf einen Weihnachtsmarkt gehen könne, um ein wenig Geld zu verdienen.
Und überhaupt könne sie jetzt ihrem Freund, der sie verlassen hatte und nun wieder Kontakt suchte, einmal zeigen, daß sie doch etwas könne. Auch im Blumengeschäft, in dem sie ein Praktikum mache, solle man sehen, was sie könne.
Lisa verbrachte die weiteren Kurwochen in einem guten

seelischen Gleichgewicht, zumal durch den Besuch des Freundes eine neue Annäherung möglich schien. Eine persönliche Beratung suchte sie jedoch nicht. „Ich weiß, was ich will, wenn ich nach Hause komme. Ich werde es allen zeigen, daß ich das Leben hinkriege, all denen, die immer wissen, was sie an meiner Stelle tun würden", sagte sie öfter in verschiedenen Variationen.

Von Lisa kam noch ein kurzer Brief nach der Kur mit der Bemerkung, daß der „ganze Kram" zu Hause noch derselbe sei; sie selbst sei aber lockerer im Umgang mit all den „schwierigen Typen", z.B. beim Jugend- und Arbeitsamt.

Lisa wird diese schwierigen Typen noch viele Jahre brauchen, aber ihre positive Kurerfahrung wird für sie so etwas wie eine Ur-Erfahrung sein, die auf schwierigen Wegstationen ermutigen kann.

Manchmal weiß ich ...

Manchmal weiß ich
ein Schritt zählt mehr
als ein Weg.

Manchmal weiß ich
Unterwegssein ist besser
als Ankommen.

Manchmal weiß ich
Schweigen ist beredter
als Sprechen.

Manchmal weiß ich
Leben ist weiser
als Fragen.

„Immer hübsch fröhlich sein!“ – Die Lebensrolle von Frau T.

Frau T. hatte sich wegen Tablettenabhängigkeit einer Entziehungskur unterzogen. Anschließend war sie zu einer Nachkur in unser Haus gekommen. Sie schien in den ersten Tagen etwas skeptisch gegenüber dem Kurgeschehen zu sein, wurde aber mehr und mehr aufgeschlossen und kontaktfähig. Ziemlich unruhig berichtete sie eines Morgens davon, daß ihr Mann zu Besuch komme, worüber sie eigentlich nicht erfreut sei.

Nach dem Besuch ihres Mannes unternahm Frau T. einen Suizid-Versuch und konnte eigentlich nur durch einen Zufall – oder eine gute Fügung – gerettet und ins Krankenhaus gebracht werden. Auf ihrem Nachttisch hatte sie einen Abschiedsgruß hinterlassen. Für diesen Gruß hatte sie eine Karte verwandt, wie man sie bei einem Umzug an Freunde verschickt. Auf der Vorderseite war eine Schnecke mit Haus abgebildet; darunter stand: Bin verzogen! Auf der Rückseite hatte sie ihrem Mann und den beiden Kindern mitgeteilt, daß sie keine Kraft mehr habe und sie bitten wolle, zu verstehen, daß sie für immer Abschied nehmen müsse.

Bei meinem Besuch im Krankenhaus, als Frau T. wieder ansprechbar war, kam sie als erstes auf ihren Abschiedsgruß zu sprechen, den man ihr mit einigen anderen Papieren bringen möge. Sie wolle die Karte aufbewahren und vielleicht später einmal, wenn sie wieder leben wollte, mit ihrer Familie besprechen. Sie habe extra eine humorvolle Karte gewählt, weil ihre Familie sie eigentlich – vor ihrer Tablettenabhängigkeit – immer nur kannte als eine nach außen frohgestimmte Frau. Es sei sozusagen ihre Lebensrolle gewesen, immer das fröhli-

che Kind zu sein. Sie habe so ihre Mutter aufheitern können, nachdem ihr Vater die Familie verlassen hatte und zur gleichen Zeit ihre „über alles geliebte Großmutter" starb. Irgendwie sei diese Rolle ihr sogar leichtgefallen. Sie sei immer beliebt gewesen, bei ihren Verwandten, in der Schule, in ihrem Büro; und auch ihrem Mann habe es gefallen, daß sie Humor hatte und viel Geduld, auch wenn es sie selbst viel Kraft gekostet habe.
Die Abschiedskarte blieb für sie ein Thema bei einem weiteren Gespräch. Es war ihr selber möglich festzustellen, daß sie ihre Lebensrolle so verinnerlicht hatte, daß sie selbst in ihrer verzweifelten Situation noch humorvoll sein wollte – wenn es auch letztlich etwas sarkastisch war. „Immer hübsch fröhlich sein, bis zum letzten Atemzug", sagte sie fast zu sich selbst. Sie habe in ihrer Kur mit ihrem Therapeuten über ihr übergroßes Harmoniebedürfnis gesprochen, auch über ihre Angst, Konflikte anzugehen. Nun sei es noch einmal deutlich geworden, wie sehr sie sich lebenslang selbst etwas vorgemacht habe, eigentlich auf der falschen Spur gelaufen sei.

Frau T. äußerte von sich aus den Wunsch, noch einmal in ihre vorherige Klinik zurückzugehen. Sie brauche noch eine wichtige Hilfe, um sich entscheiden zu können, wie und ob das Leben mit ihrem Mann weitergehen könne. Aus einem späteren Kartengruß nach diesem Klinikaufenthalt war ein Hauch von Optimismus für den Neuanfang zu spüren.

Wenn es sicher wäre
daß in meiner dunkelsten Zeit
ein Engel käme
und zu mir sagte
hab keine Angst
fürchte dich nicht
Gott ist mir dir auf deinem Weg,
diese Worte würde ich noch heute
in goldenen Buchstaben
an den Himmel schreiben
lesbar für alle
die im Dunkeln leben
und bedrängten Herzens sind.

Wenn es sicher wäre
daß auf einem langen Wüstenweg
ein Engel käme
und mir Brot
und einen Krug Wasser reichte
zur Stärkung zum Weitergehen,
ich würde es von heute an
allen zurufen:
Fürchtet euch nicht
Gott ist mit euch
auf eurem Weg
durch unwegsames Land.
Er macht eure Finsternis hell.
Er führt euch hinaus ins Weite.

Elisabeth

Wenn sie zurückblickt, und das tut sie manchmal,
dann kommen ihr viele Bilder in Erinnerung:
die Kindheit und Jugend im Krieg;
die Liebe zu einem kriegsblinden, jungen Mann,
der ihr Ehemann wurde;
die Eröffnung und Verwaltung einer Massagepraxis,
der Bau des Hauses, die Geburt der Kinder;
es waren sechs, das jüngste behindert.
Wie sie erst nach einiger Zeit wußte,
handelte es sich um eine
schwere geistige Behinderung.
Es kam die Schule, dann der Beruf der Kinder,
viel später die Behindertenwerkstatt.
Es kam der Auszug der Kinder aus dem Haus,
Examen, Hochzeiten, Existenzgründungen,
Berufswechsel, Ortswechsel –
nur Hildegard blieb zu Haus.

Wenn sie zurückblickt, dann kommen ihr
tausend Tage Alltag in den Sinn.
Nur ein geregelter Tagesrhythmus
hielt sie am Leben. – Eigentlich mußte
sie sechs Augen haben: zwei für ihren
Mann, zwei für Hildegard und zwei
für sich selbst. Aber das war nicht immer
so wichtig.
Welch ein Glück, daß ihr Mann trotz
seiner Blindheit immer selbständig und
vielseitig interessiert war. Lebenslang nahm
er an Weiterbildungskursen teil. Vieles
hat Elisabeth mitgelebt und mitgelernt –
neuerdings, wie man mit einem Computer
für Blinde arbeitet und Zeitung lesen kann.

Elisabeth war Sekretärin, Erzieherin, Heilpädagogin und alles das, was Mütter sonst noch sind.

Inzwischen ist sie zweiundsiebzig Jahre alt. Hildegard lebt seit einigen Jahren in einem Heim. Es war eine schmerzliche Entscheidung, das Kind „wegzugeben". Auch wenn ihr eine Arbeitslast genommen wurde, ist sie manchmal traurig, wenn sie Hildegard nach einem Besuch im Heim zurückläßt – obwohl diese dort gut betreut wird.
Frage ich Elisabeth, wie sie alles im Leben geschafft hat, dann lächelt sie und sagt: „Ich weiß es nicht. Das Leben war so. Aber es gab ja auch viel Gutes und Schönes mit den Kindern und jetzt mit den Enkelkindern, und auch mit Hildegard hatten wir Freude."
Was sie nicht sagt – weil sie weiß, daß ich es ohnehin weiß – ist: Es gab schwere und allerschwerste Zeiten. Weil es immer so etwas wie ein Grundvertrauen gab – Elisabeth nennt es Gottvertrauen –, konnte sie aus ihren Krisen herausfinden und den Alltag überhaupt bestehen.

Wenn sie zurückblickt – und das tut sie jetzt häufiger als früher, weil sie mehr Zeit und Ruhe hat –, dann fallen ihr viele Ereignisse aus ihrem gefüllten Leben ein. Ich wünsche ihr sehr, daß sie sich im Spiegel der Erinnerung als eine starke, lebenskluge Frau mit einem großen, guten Herzen sehen kann. Auch ihre Kinder und ihr Mann sehen sie so. Aber niemand sagt es ihr.

„Eine starke Frau"

Ein Mann kam zum Rabbi, um sich mit ihm zu beraten.
„Es geht um meine Frau", sagte er. „Sie war eine so tüchtige Frau. Jederzeit stand sie mir zur Seite. Sie führte das Haus, sie kochte mein Lieblingsessen, wann immer ich danach verlangte. Sie war den fünf Kindern eine liebe und strenge Mutter, so wie es erforderlich war. Sie brachte den Garten zum Blühen, sie erntete die Früchte und brachte sie auf unseren Tisch. Sie hatte stets eine offene Tür für Freunde und Fremde.
In einem Streit zwischen uns fand sie die ersten Worte zur Versöhnung. Sie war eine kluge und schöne Frau, von vielen bewundert oder auch beneidet. Und fromm war sie. Sie hatte Vertrauen zu Gott, auch in schwierigen Lebenslagen. Sie hatte ein heiteres Gemüt. Sie konnte lachen und singen und ihre Umgebung fröhlich machen."
„Nun", sagte der Rabbi, „da gratuliere ich dir, aber wo liegt das Problem?"
„Angefangen hat es vor einem halben Jahr", sagte der Mann. „Meine Frau wurde immer schweigsamer. Die Arbeit wurde für sie – so schien es – eine schwierige Last. Sie verlor die Geduld mit den Kindern und die Freude an Gästen und zog sich immer mehr zurück in ihre Kammer. Ich höre sie nun weder singen noch lachen. Nicht einmal mehr die Psalmen scheint sie zu beten."
„Nun", sagte der Rabbi, „das ist eine sehr traurige Geschichte, vor allem, weil alles vorher so anders war. Ich war soeben sehr erfreut darüber, wieviel Gutes du über deine Frau berichtet hast, aber ich frage dich: Hast du je deiner Frau deine Bewunderung und Anerkennung mitgeteilt – bei all ihren Mühen und Sorgen während eures gemeinsamen Weges?"

„Nun“, sagte der Mann, „es war für meine Frau selbstverständlich, was sie tat. Sie wußte doch, daß ich sie liebe. Es war nicht üblich zwischen uns, darüber viele Worte zu machen.“

„Aber gerade der wenigen Worte wegen ist deine Frau nun ganz verstummt“, sagte der Rabbi. „Gehe nach Hause, und sage deiner Frau all das, was du mir über sie gesagt hast. Gerade jetzt braucht sie ein liebevolles Wort des Verstehens und der Anerkennung. Und wisse, es genügt nicht, täglich mit frommen Worten Gott zu preisen, auch der Mensch neben dir bedarf der Achtsamkeit und Anerkennung und vieler liebevoller Worte, die zu Herzen gehen und aufrichten.“ Und damit entließ er den ratsuchenden Mann.

(mündliche Überlieferung)

Erinnerung an Frau K.

Vor meinem Fenster fällt unaufhaltsam der Schnee.
Er bringt das weite Land zum Verstummen.
Ich denke an Frau K., die mir immer wieder
von den Wintern in Sibirien erzählte.
Ich höre sie sagen: „Die Winter waren lang,
und sie waren nicht leicht.
Auch wir Frauen waren beim Holzfällen dabei.
Wir machten die leichteren Arbeiten. Wir führten die Pferde, und natürlich sorgten wir für
das Essen."

An ihre Kindheit am Schwarzen Meer
erinnere sie sich nicht mehr. Aber an die Erzählungen der Eltern, die immer wieder von der Sonne sprachen, von der guten Erde und den großen Ernten.

Wenn ich an Frau K. denke, während der Schnee fällt, kommt mir in Erinnerung, daß sie fast nur von den Wintern in Sibirien sprach. Vierzig Winter habe sie dort verbracht, und immer sei sie gesund gewesen, auch ihre Eltern. An die Ausreisegenehmigung habe sie schon gar nicht mehr geglaubt, aber dann kam sie überraschend, und mit ihrer Schwester wurde sie an den Niederrhein „angesiedelt", in eine Wohnung mit Heizung, „obwohl doch die Winter gar nicht so kalt sind."

Und dennoch wurde sie krank. Eigentlich kränkelte sie nur – einen ganzen Winter lang, und auch noch im Frühling, in dem die Welt für sie immer dunkler wurde. Von einer schweren Depression sprachen die Ärzte in der Klinik.
Eine Ursache könne das Heimweh sein.
„Heimweh wohin?" hat sie damals gefragt.

Unweit von hier

Mitten in der Wüste
weiß ich nicht mehr
warum ich aufgebrochen bin
und was ich suche.

Es gibt keinen Weg zurück.
Die Karawane ist fortgezogen
alle Spuren sind verweht
an Wunder ist nicht zu denken.

Es wird kein Manna regnen.
Niemand ist da, der an den Felsen schlägt
daß die Wasser fließen.
Im brennenden Dornbusch feixen Gesichter.

Aber aufgeben werde ich nicht.
Das Herz in der Hand
einen Stern als Geleit
suche ich einen Weg durch die Nacht.

Es muß einen Brunnen geben, unweit von hier.
Ich habe sagen hören, daß Engel ihn hüten
und den Ankommenden das Wasser reichen
aus der Tiefe der Erde geschöpft.

Was mache ich nur, wenn es keinen Montag mehr gibt? – Ein Brief

„Es ist Sonntagnachmittag. Ich bin sehr verzweifelt und habe den Eindruck, kurz vor einem Zusammenbruch zu stehen. Damit Sie diesen Zustand besser verstehen, möchte ich Sie kurz mit der Sachlage bekanntmachen.
Am 1.12. gelang es mir nach langem Suchen, endlich eine Halbtagsstelle zu finden. Ich wurde mit einem Aushilfsvertrag bei der Stadtverwaltung im Außenreferat der Museen eingestellt. Der Anfang war sehr schwer, aber ich habe mein Bestes gegeben. Bereits nach einem Monat stellte mein Vorgesetzter einen Antrag auf Dauerbeschäftigung, der jedoch im Rahmen der Sparmaßnahmen von der übergeordneten Personalabteilung abgelehnt wurde. So läuft mein Arbeitsvertrag im April aus, und ich stehe wieder auf der Straße. Wenn ich wenigstens sechs Monate gearbeitet hätte, würde mir Arbeitslosengeld zustehen. So werde ich wohl wieder „Kunde" von Herrn Müller – werde wieder auf der Bank im Flur des Sozialamtes sitzen.
Aber fast noch schlimmer als die finanzielle Not empfinde ich den Verlust meiner interessanten Tätigkeit und des liebenswerten Kollegenkreises. Die Wochenenden, die ich sehr einsam hier verbringe, sind oft recht grausam. Aber ich habe sie immer noch ertragen können im Hinblick auf den Montag, an dem ich weiterarbeiten und bei meinen Kollegen sein konnte. Aber was mache ich nur, wenn es jetzt keinen „Montag" mehr gibt?

Soeben hatte ich Besuch eines befreundeten Professors. Er war genauso traurig, als ich ihm mitteilte, daß ich meinen Arbeitsplatz verliere. Denn er hat mitverfolgen können, wie schwer es für mich war, etwas zu finden, und wieviel Kraft der Wiedereinstieg in den Arbeitspro-

zeß nach vierzehn Jahren Berufsunterbrechung und einer zwischenzeitlich aufgetretenen schweren Depression gekostet hat.
Ich denke gerne an die Kur zurück. Ich werde nicht vergessen, was Sie für mich getan haben, als ich bei Ihnen so krank wurde und mir durch Ihre Ärztin das Landeskrankenhaus erspart blieb."

Zwiesprache

Niemand hat Zeit für mich
nimmst Du Dir Zeit für andere?

Niemand ist freundlich zu mir
Freust Du Dich mit den anderen?

Niemand lacht mit mir
Mit wem lachst DU?

K.

Es gibt noch anderes

Eine sechzigjährige Eifelbäuerin nahm zum ersten Mal an einer Kur teil. Sie war durch lebenslängliche, schwere Arbeit auf einem kleinen Bauernhof und einen der Kur vorausgegangenen Umbau des Hauses körperlich erschöpft. Aber auch seelisch schien sie ausgelaugt zu sein. Häufiger brachte sie zur Sprache, daß man im Leben sowieso nicht mit Anerkennung rechnen könne – vor allem nicht in der eigenen Familie. Sie habe versucht, so gut es ging, die Kur vor der Nachbarschaft zu verheimlichen, da niemand verstehen könne, daß sie eine Kur nötig habe.

Frau Ackermann – so nenne ich sie einmal – nahm zwar viele Kurangebote wahr, aber man hatte den Eindruck, daß sie irgendwie die Kurzeit mit einem schlechten Gewissen verbrachte, da sie ja nicht arbeitete. Eine Einladung zu einem Kegelnachmittag beantwortete sie zunächst mit großem Protest. Schließlich ließ sie sich doch überreden. Da sie die erste im Alphabet war, wurde sie aufgefordert, zunächst einen Probewurf zu machen. Den machte sie und legte alle Neune mit einem Wurf um. Sie verstand zunächst gar nicht den spontanen Beifall, weil sie nicht wußte, wie schwer es ist, das gesamte Kegelfeld mit einem Wurf abzuräumen. Auch ihre nächsten Würfe waren erstaunlich gut. Als es ihr noch einmal gelang, alle Neune umzuwerfen, was bei diesem Spiel keiner anderen Frau gelungen war, sagte sie: „Nun muß ich meinem Mann eine große Abbitte leisten. Seit zwanzig Jahren schimpfe ich mit ihm, wenn er zu seinem Kegelabend geht, weil ich der Meinung war, es gehe ihm dabei nur ums Bier. Nun habe ich selbst erlebt, wieviel Spaß das Kegeln machen kann und überhaupt das ganz andere Leben." Damit meinte sie das Leben in der Kur, die arbeitsfreie Zeit, die geselligen Dinge, aber auch die Zeiten der

Stille und Besinnung und die Möglichkeiten des Ausruhens. Beim Abschied faßte sie dies noch einmal in aller Kürze zusammen in dem schlichten Satz: „Man muß nicht immer arbeiten. Es gibt noch anderes."

Atem holen
Leben schöpfen
neu beginnen
anders sehen Stein und Baum
Zeit für Wirklichkeit und Traum.

Atem holen
Hoffnung leben
Mitte finden
Zeit zum Ruhen und zum Schaun
neu dem Leben sich vertraun.

Atem holen.

Im Traum unterwegs

Ich stand auf einem Bahnhof, um zu verreisen. Da der Zug, mit dem ich fahren wollte, schon in Sicht war, versuchte ich, schnell am Schalter eine Fahrkarte zu kaufen. Der Beamte gab mir die Auskunft, daß ich meine Karte nur über den am Bahnsteig stehenden Automaten erstehen könne. Dies sei jedoch kompliziert und koste einen Anfänger Zeit.

Es war tatsächlich schwierig, aber die Karte wurde noch ausgedruckt, bevor der Zug sich in Bewegung setzte. Ich konnte gerade noch aufspringen und fand einen Platz in einem leeren Abteil. Als der Schaffner kam und mich fragte: „Nun, wo wollen wir denn hin", fiel mir auf, daß ich dies selbst gar nicht wußte. Ich sagte ihm dies und setzte hinzu: „Aber es steht auf meiner Fahrkarte, wohin ich will." Er nahm die Karte entgegen und schien ziemlich erstaunt beim Lesen. Dann gab er sie mir zurück mit der Bemerkung: „Na, dann gute Fahrt!" Schließlich schaute ich selbst auf meine Karte, und darauf stand als Zielort das Wort: Ge-Lassen-heit!

out und down – Eileens Nachtdienst bei den Obdachlosen

Vor einigen Jahren verbrachte ich einen verlängerten Urlaub in Irland. Einerseits wollte ich mich ausruhen; andererseits wollte ich spezielle soziale Probleme der Insel kennenlernen. In diesem Zusammenhang verwies mich eine Ordensschwester an Eileen, eine junge Frau, die sich in Dublin mit einer Gruppe von Studenten um Obdachlose der Stadt kümmerte. Nach einem ersten telefonischen Kontakt bat mich Eileen, doch am gleichen Abend in die sogenannte Suppenküche zu kommen und eine Nachtschicht mitzufahren.

Ich fand die Suppenküche in einer düsteren Stadtrandgegend, inmitten einer Straßenzeile verwahrloster Häuser. Auf mein Türklopfen öffnete mir Eileen. Nach einer herzlichen, aber eiligen Begrüßung bat sie mich herein. Sie eröffnete mir auf dem Weg zur Küche, daß sie diesmal spät dran sei und daß ich ihr bei der Fertigstellung der Suppe und der Verteilung des Tees in entsprechend vorbereitete Thermoskannen helfen könne. Ich versuchte, so gut ich konnte, ihr zuzuarbeiten. In der Zwischenzeit kamen zwei junge Studenten, die mithalfen, Brot zu schneiden und Suppe umzufüllen.

Ehe ich mich versah, saß ich mit Eileen in einem klapprigen alten VW; einer der Studenten saß auf dem Rücksitz neben den aufgetürmten Kannen und Brotbehältern. Wir fuhren – soweit kannte ich Dublin – in Richtung Hafen. Auf meine Frage, warum wir diese Fahrt so spät um Mitternacht begannen, erklärte mir Eileen, daß die Obdachlosen nicht früher an ihren Schlafstätten anzutreffen seien. „Schlafstätten" – das erfuhr ich bald – waren leere Ölfässer oder Kanalrohre, die zur Kanalisierung benötigt wurden. Wir stiegen im Hafengebiet aus und wurden anscheinend schon erwartet. Einige Männer und Frauen

torkelten auf unser Auto zu, riefen oder lallten: „Eileen, da bist du ja!“ Eileen kannte alle von ihnen; sie konnte die vielen Toms, Kevins und Paddies unterscheiden – auch später, als wir die Leute in ihren Fässern und Kanalrohren besuchten. Die Wünsche nach Suppe, Tee und Brot waren unterschiedlich. Wichtig schien ihnen der Besuch und das Gespräch zu sein. Eileen hörte jedem einzelnen zu, auch wenn es – wie ich vermutete – um Wiederholungen aus vielen Nächten ging. Da wir einige akut Kranke antrafen, gab sie diesen den Rat, sich dringend um einen Arztbesuch zu bemühen, was – wie ich später von Eileen erfuhr – nicht einfach zu regeln war. Aber sie kannte ein Kloster, in dem die Oberin ihre „Freunde“ ziemlich regelmäßig in eine Badewanne steckte und den Hausmeister beauftragte, im Falle des Arztbesuches für Rasur und Frisur zu sorgen.
Eileen erzählte mir später, was sie so alles bewerkstellige, um ihren Freunden und auch Freundinnen zu helfen. Seit sieben Jahren machte sie diese Arbeit und so hatte sie bereits viele Kontakte zu Behörden und befreundeten helfenden Familien. Aktive Helfer, die an bestimmten Wochentagen Nachtdienst übernahmen, waren Studenten, die sich zu einer Gruppe zusammengeschlossen hatten und sich „Simeons-Group“ nannten, benannt nach Simon von Zyrene.
Geahnt hatte ich nicht, daß diese Nacht noch stürmisch werden sollte – im doppelten Sinn. Von der irischen See kam ein Sturm heran, so daß die Männer in den Fässern ihren Standort wechselten, um an einer Mauer Schutz zu suchen. Eileen erkannte plötzlich in der Dunkelheit eine Frau, die, mit einer zerlumpten Decke umhangen, irgendwo Unterschlupf suchte, aber anscheinend jede Orientierung verloren hatte. Eileen ging auf sie zu, rief ihren Namen, faßte sie am Arm und setzte sie auf den Vordersitz unseres Autos. „Wir werden im Gefängnis fragen, ob sie in dieser Nacht einen Platz für Brenda haben“, er-

klärte sie mir. Tatsächlich konnte Brenda für eine Nacht ein Zellenbett bekommen. Eileen war hocherfreut über diese Zusage, weil sie sehr oft in ähnlichen Notfällen eine Absage erhalten hatte.

Unsere Nacht war aber noch nicht zu Ende. Es standen noch einige Pflichtbesuche auf Eileens Plan, so bei John in der Liffeystreet, der dort auf dem Gehweg zwei Zelte aufgebaut hatte: ein „Schlafzimmer", wie er später erklärte, und ein „Wohnzimmer" mit zwei Clubsesseln und einem Tisch vom Sperrmüll. John kam uns in Frauenkleidern entgegen, umarmte und küßte Eileen und bat uns ins „Wohnzimmer", da inzwischen ein schlimmer Regen eingesetzt hatte. John freute sich über unseren Besuch, begrüßte mich als Gast aus Deutschland in besonderer Weise und stellte viele Fragen. Danach begann er, über seine Künstlerkarriere zu berichten, was Eileen schon viele Male gehört hatte. Ich fragte deshalb nach der Uhrzeit, und so machten wir uns auf zu unserem letzten Besuch in dieser Nacht.

Eileen kündigte an, daß wir uns nun einen schönen Abschluß gönnen sollten. So klopften wir an einem Wohnwagen an. Die Tür wurde uns von einem älteren Herrn in tadellos gepflegter, fast eleganter Kleidung geöffnet. Eileen fragte ihn nicht, ob er Tee oder Suppe wünsche, denn hier war schon der Tisch für uns gedeckt mit Sandwiches, und frischer Tee wurde aufgebrüht. Ich war verwundert über die Atmosphäre im Wagen. Fotos von irischen Dichtern hingen neben einigen Landschaftsbildern an der Wand. James fragte uns, ob er uns während unseres Frühstücks ein Gedicht von Bernard Shaw vortragen dürfe. Es fiel mir schwer, James zu den Obdachlosen oder Gestrandeten zu zählen. Schließlich hatte er ein gemütliches Zuhause und war in guter körperlicher und geistiger Verfassung. Eileen erzählte mir später, daß James viele Jahre auf der Straße gelebt habe, nachdem er als Chef einer großen Versicherung wegen Alkoholabhängigkeit entlassen worden war. Inzwischen sei er seit einigen Jahren trocken. In eine Wohnung wolle er nicht mehr zurück. So gefalle es ihm. Wichtig sei jedoch, daß Eileens Gruppe nachts bei ihm den Tee einnehme und daß man ein wenig Zeit mitbringe, denn schlafen könne er frühmorgens sowieso nicht mehr.

Eileen – eine damals vierzigjährige Frau – war Angestellte in einem Maklerbüro. Als ich sie fragte, warum sie diese schwere Arbeit tue, war sie etwas verwundert. Schließlich sei ich doch auch Christin und wisse, aus welchen Motiven man helfen würde. Simon von Zyrene habe das Kreuz mitgetragen, so sehe sie es. Leicht sei das nicht – mittragen. Das wiederholte sie einige Male.
Wenn ich an die Nacht zurückdenke, erinnere ich mich heute noch, daß wir alle – auch die Menschen, die wir trafen – ein wenig fröhlich waren. Eileen war es ohnehin von Grund auf.

Am Anfang der neuen Schöpfung

Am Ende der Tage
am Anfang der neuen Schöpfung
wenn alle ziehen in die heilige Stadt
will ich mitziehen in der Schar
die niemand zählen kann
in der Schar
aller Armen und Namenlosen
aller Verachteten und Gestaltlosen.

Am Ende der Tage
am Anfang der neuen Schöpfung
wenn alle anstimmen
zum großen Jubilate
will ich mitsingen
im Chor
aller Verstummten und Sprachlosen
aller Bedrängten und Stimmlosen.

Am Ende der Tage
am Anfang der neuen Schöpfung
wenn alle Wohnung nehmen
in der heiligen Stadt
will ich leben
in der Gemeinde
aller Weglosen und Verirrten
aller Rechtlosen und Verdrängten.

Am Ende der Tage
am Anfang der neuen Schöpfung
wenn alle Dein Antlitz schauen
und bleiben in Deinem Licht
will ich sein in der Schar
die niemand zählen kann
in der Schar aller Menschenkinder.

Die „Nur-Hausfrau"

Niemand weiß mehr, wer das Wort „Nur-Hausfrau" erfunden hat und wie es kommt, daß es sich einbürgern konnte (von „salonfähig" kann wohl hier nicht die Rede sein). Auch wenn es inzwischen ein statistisches Meßwort geworden ist, ist es deshalb nicht weniger negativ. Das Wörtchen „nur" gibt hier den Ausschlag.
In der Vorstellungsrunde einer Kurgruppe sagen Frauen oft als erstes, daß sie eine „Nur-Hausfrau" seien. Manchmal vergessen sie sogar, ihren Namen zu sagen. Was wäre, wenn Männer in einer Vorstellungsrunde sagen würden: „Ich bin ein ‚Nur-Bankangestellter', ein ‚Nur-Friseur', ein ‚Nur-Manager', ein ‚Nur-Lehrer'?" Dabei wäre diese Bezeichnung vielfach sogar stimmig. Die meisten Hausfrauen sind jedoch nicht „Nur-Hausfrauen", sondern vereinigen in ihrer Hausfrauenrolle gleichzeitig unterschiedliche Berufe: Sie sind Erzieherinnen, Managerinnen im Familienunternehmen, Lehrerinnen, Kranken- und auch Altenpflegerinnen, Köchinnen, Raumpflegerinnen, Gärtnerinnen – und dies oft als Alleinerziehende, Alleinverantwortliche.

In einem Kreis von Kurteilnehmerinnen, die überwiegend nicht berufstätig waren, lautete das Thema des Gruppengespräches: „Wer macht meinen Streß?" Den Teilnehmerinnen wurde die Aufgabe gestellt, einmal mit dem Wort „nur" ihre derzeitigen Streßfaktoren zu benennen, um so bewußt zu machen, wie sinnentstellend die Bezeichnung „Nur-Hausfrau" sein kann. Hier sind einige Aussagen aus Gesprächen verschiedener Gruppen aufgelistet:

Ich habe „nur"

- den Umzug in ein altes, neu erworbenes Haus hinter mir. Wir sind ein Fünf-Personen-Haushalt. Auch mein Mann ist erschöpft von den vielen Renovierungsarbeiten. Ich mache mir Sorgen, ob wir die Finanzierung bewerkstelligen können, vor allem, weil der Arbeitsplatz meines Mannes in der Baubranche nicht gesichert ist.
- zwei jugendliche Kinder, davon eines ohne Lehrstelle. Mein Mann ist Schichtarbeiter.
- zwei Kinder, die uns viel Freude machen, auch in der Schule. Mein geplanter, neuer Einstieg in den Beruf hat sich zerschlagen, weil meine Mutter als Pflegefall aus dem Krankenhaus kam. Trotz Hilfe von der Sozialstation bin ich sehr erschöpft. Am meisten leide ich unter den Konflikten in unserer Familie: Oma mischt sich in alles ein, vor allem in die Erziehung der Kinder, und kritisiert dabei immer wieder meinen Mann.
- drei Kinder, von denen das jüngste lernbehindert ist.
- einen kleinen Haushalt zu versorgen, aber viel Arbeit in einem kleinen landwirtschaftlichen Betrieb mit Schweinezucht. Seit Jahren trinkt mein Mann. Die Konflikte haben mich krank gemacht.
- zwei Kindergartenkinder meiner Tochter zu betreuen, die ganztägig berufstätig ist.
- für meinen Mann und mich zu sorgen, aber ich habe schlimme Durchblutungsstörungen in den Beinen durch jahrelanges Stehen im Tante-Emma-Laden.
- jahrelang im kleinen Elektrikerbetrieb mit meinem Mann zusammengearbeitet und natürlich den Haushalt für unsere fünfköpfige Familie geführt. Da mein

Mann seit einiger Zeit eine Freundin hat, habe ich die Scheidung eingereicht. Nun lebe ich mit meinen Kindern allein, da mein Mann ausgezogen ist. Schlimm ist, daß ich keinen Beruf habe und auch nach jahrelanger Arbeit mit meinem Mann keine Aussicht habe, mit achtundvierzig Jahren eine Arbeit zu finden.

- einen Zwei-Personen-Haushalt zu versorgen. Seitdem meine Kinder aus dem Haus sind und leider alle weiter weg wohnen, habe ich manchmal richtige Depressionen. Nun habe ich Angst davor, wie es wird, wenn mein Mann als „Frührentner" aus dem Beruf ausscheidet. Er weiß sich nicht zu beschäftigen.

- drei Kinder geboren und erzogen. Eines ist an Krebs gestorben. Nachdem mein Mann wegen eines Herzinfarkts vor einem halben Jahr seine Arbeit aufgeben mußte, ist alles schwieriger geworden; er ist sehr unzufrieden. Der Haushalt ist für mich eine leichte Sache, aber die seelischen Belastungen haben mich sehr mitgenommen.

So lassen sich die Beschreibungen endlos fortsetzen. Nicht genannt sind hier diejenigen Hausfrauen, die gestreßt sind, weil sie alles perfekt machen wollen; sie jagen der Vorstellung hinterher, daß im Leben alles gut gelingen müßte, weil sie doch stets alles, was möglich ist, tun. Diese Gruppe der „perfekten" Hausfrauen ist nicht gerade klein und verdient besondere Aufmerksamkeit im therapeutischen Kurkonzept.
Selbstverständlich gibt es auch die glückliche „Nur-Hausfrau". Sie ist rundum zufrieden mit ihrer Rolle. Sie ist gerne Mutter und eine umgängliche Partnerin ihres Mannes. Sie kocht gerne und gut, putzt manchmal sogar gerne, hat keine Sehnsucht, berufstätig zu sein, hat Freundinnen, Hobbys, niemals Langeweile, weiß sich zu beschäftigen. Umworben ist sie von kirchlichen und ca-

ritativen Gruppen. Da ist sie manchmal anzutreffen. Ein Glück, daß es sie gibt – solange sie nicht zu den Frauen gehört, die in allen Vereinen eine Rolle spielen wollen und damit oft die eigene Suche nach Lebenssinn nicht mehr wahrnehmen oder sogar verdrängen.

Das Alltagskarussell

Ich sitze tief in einem Loch
und frage mich, wie war das doch,
wie kam ich nur hierher?
Ich war doch immer so gut drauf
und, auch wenn's schwer war, obenauf.
Woher kommt das Malheur?

Ich hatte viele Jahre Kraft
und habe immerzu geschafft,
nun scheint der Brunnen leer.
Dahin ist aller Lebensschwung,
auch grau ist die Erinnerung,
das Herz ist matt und schwer.

Ich weiß, das Alltagskarussell,
das drehte Jahre sich zu schnell
und machte niemals halt.
Die Schatten wuchsen riesengroß,
ich fühle mich ganz atemlos
und auch ein wenig alt.

So sitze ich im dunklen Loch
und frage mich, wie lange noch,
wann holt mich wer heraus?
Ein gutes Wort ist nicht genug,
vielleicht hilft nur ein Zauberspruch
aus meinem Sorgenhaus.

Der Führerschein

Ich lernte sie nur am Ende einer Kur kennen, als ich aus dem Urlaub zurückkam. In der Kurgruppe fiel sie sofort auf durch ihr ängstliches Auftreten, durch ihre leise, kaum hörbare Stimme, vor allem aber durch ihre auffällige Erscheinung, bedingt durch ihr Untergewicht. Im Team erfuhr ich, daß sie eigentlich fehlvermittelt sei. Sie gehöre wegen der bestehenden Tablettenabhängigkeit – die aber zuvor nicht bekannt war – in eine Klinik. Im ärztlichen Attest habe nur etwas von vegetativer Dystonie und von ständiger Überforderung gestanden: Astrid hatte sieben Kinder und einen anstrengenden Ehemann.
Entgegen aller Erwartung machte sie nun aber innerhalb kurzer Zeit große Fortschritte. Man erzählte mir, daß Astrid bereits nach dem zweiten Kurtag ihre mitgebrachten Tabletten bei einem Gesprächstermin mit dem Psychologen vorgelegt und bemerkt hat: „Das ist nun Vergangenheit. Ich habe bisher in meiner Familie so viel Schweres mitgemacht und ertragen. Also werde ich es auch schaffen, von den Tabletten loszukommen. Aber Sie müssen mir helfen!"

Der Kurverlauf gestaltete sich schwierig. Die Entzugserscheinungen äußerten sich in großer Unruhe, in Angstzuständen und Schlafstörungen. Astrid fand kaum Kontakte in der Kurgruppe, da sie sich isolierte und durch ihr Verhalten für andere Kurteilnehmerinnen fremd blieb. Wichtig waren ihr die täglichen therapeutischen Gespräche. Sie äußerte beim Weggehen aus der Kur, daß sie sich zum ersten Mal in ihrem Leben verstanden gefühlt habe; sie habe auch zum ersten Mal aus einem großen Vertrauen heraus zu einem fremden Menschen sprechen können. Zwar wisse sie nicht, wie es zu Hause weitergehen könne, aber sie habe Mut, vieles anzugehen – und dies alles im „Wachzustand", wie sie sagte.

Da eine Kurverlängerung damals aus familiären Gründen nicht möglich war, kam Astrid ein Jahr später erneut zu einer Kur. Zwar war sie immer noch untergewichtig und unruhig, aber sie berichtete über eigene mutige Initiativen in ihrer Familie, über ihre Mitwirkung beim Einzug in ein neu erworbenes, altes Haus und vor allem über bauliche Veränderungspläne in Eigenleistung: Das bedeutete, daß sie selbst Hand anlegte beim Zementkarren, Wändeerstellen und Kabellegen. In einem der Gespräche über ihre Fähigkeiten erwähnte ich nebenbei, daß es eigentlich verwunderlich sei, daß sie nicht Auto fahren könne bei so viel praktischen Fähigkeiten.
„Wie sollte ich bei meinem jahrelangen Dämmerzustand Auto fahren?" fragte sie zurück. „Und außerdem, woher soll das Geld kommen für einen Führerschein?"

Astrid kam einige Jahre hintereinander zur Kur. Immer wieder waren das Auto und der Führerschein ein Gesprächsthema. Nachdem sie sich nach einer Kur lange nicht gemeldet hatte, rief sie eines Tages an, um mitzuteilen, daß sie mich am kommenden Sonntag besuchen wolle.
„Diesmal mit dem Auto und einem taufrischen Führerschein", sagte sie. Sie fuhr tatsächlich ein paar Tage später mit einem alten VW am Kurhaus vor. Niemand in ihrer Familie habe gewußt, daß sie Fahrstunden nehme. Das Geld habe sie sich „zusammengeputzt" in einer Disco, während ihr Mann bei der Arbeit war. Beim Autokauf habe sie ihr Fahrlehrer beraten. Sie könne es selbst nicht glauben, daß sie das geschafft habe. Schwierigkeiten mit dem Führerschein habe jedoch noch ihr Mann, der wahrscheinlich Angst habe vor zu viel Selbständigkeit seiner Frau.

Astrid ist inzwischen mehrfache Großmutter. Für die Wegstrecke, die sie mit ihren Kindern und Enkelkindern noch vor sich hat, braucht sie neben dem Führerschein noch weiterhin Mut und alle „Lebensklugheit", die bei einer turbulenten Lebensfahrt notwendig ist.

Leicht-sinnige Fragen

Kommen Frauen schnurstracks in den Himmel?

Die meisten ganz sicher, weil sie

- in allen Lebenslagen nicht nur ein großes, mitfühlendes Herz haben, sondern auch einen klaren Kopf, um das Leben anzupacken.
- durch ihre Art zu leben, ihren Kindern helfen, die Welt zu verstehen und Hoffnung und Zuversicht zu entwikkeln.
- erfinderisch sind, nicht nur bei Kochrezepten und im Umgang mit Haushaltsgeld, sondern auch die Fähigkeit haben, aus Krisen Neues zu gestalten.
- schwierige Mitmenschen und Ehemänner zu verstehen suchen und sie im Laufe der Zeit zu beinahe liebenswürdigen und umgänglichen Mitmenschen machen.
- trotz vieler Miseren lächeln, singen, träumen, zärtlich und traurig sein können und den immer stark sein müssenden und oft gefühlsgehemmten Männern helfen, auch einmal Schwäche zu zeigen und Gefühle zu äußern.
- Geborgenheit geben im Zu-Hören, Ver-Stehen, Mit-Leiden, Ver-Söhnen, Treue-Halten, Beieinander-Bleiben, Feste-Feiern.
- Sinn für die kleinen Dinge des Lebens haben und offen sind für alles Lebendige.
- beständig nach Licht suchen für ihr eigenes Leben, aber noch mehr für das Leben der anderen, um so die Schattenseiten erträglich und annehmbar zu machen.

Manche etwas verzögert, weil

- sie vieles Schwierige mit Engelsgeduld aushalten, ertragen, erdulden, anstatt Wege zur Veränderung zu suchen.
- sie es allen recht machen wollen, dabei aber selber auf der Strecke bleiben und nicht nach Hilfe suchen.
- sie sich selbst und andere nach Leistung und Erfolg messen und dadurch lebenslänglich unter Streß stehen.
- sie aus ihren Kindern Karrieremenschen machen wollen und von ihnen und sich selbst manchmal Unmenschliches fordern.
- sie nur angepaßt leben und alles ganz wichtig nehmen, was man von ihnen denkt oder denken könnte.
- nach ihrer Meinung Humor etwas ist für Leute, die keine Sorgen haben.
- sie nicht genug darüber nachdenken, daß der Himmel auf Erden niemandem versprochen ist, aber das kleine Glück das Leben reicher machen kann.

Wie kommen Männer in den Himmel?

Ganz einfach: Die Frauen nehmen sie mit, ob sie wollen oder nicht.

Entschieden

Sie fragte am Telefon nach der Möglichkeit einer Kur. Nach meiner Information über den Weg dahin, blieb es am anderen Ende zunächst still.
„Ich bin sicher keine normale Kurteilnehmerin", sagte sie nach einer Pause. „Ich hatte Probleme mit Alkohol, und ich möchte bei Ihnen so etwas wie eine Durchhaltekur machen."
Ich versuchte zu erklären, daß wir sicher nicht der richtige Ort für sie seien, und nannte einige Kliniken, in denen sie fachliche Hilfe erhalten könnte. Ich merkte, daß sie auf diesen Hinweis nicht eingehen wollte.
Sie bestätigte dies auch, indem sie sagte: „Ich bin sicher, daß ich in Ihrem Haus am richtigen Platz bin. Und falls ich keine Zusage bekommen kann, bitte ich wenigstens um einen Gesprächstermin."

Wir vereinbarten einen Besuchstermin. Zur Verstärkung brachte sie eine Sozialarbeiterin des Caritasverbandes mit; diese würde sie kennen und auch wissen, wie ernst sie es meinte. Ich glaubte ihr ja, daß sie es ernst meinte. Ich war jedoch skeptisch, ob sie es schaffen könnte, ohne Alkohol zu leben: Sie hatte mir in aller Deutlichkeit berichtet, daß sie bis vor einigen Wochen manchmal täglich bis zu einer Flasche Korn getrunken habe. Angefangen habe alles nach dem Tod ihres Mannes vor zwei Jahren. Sie habe sich damals „gottverlassen" gefühlt. Drei Jahre vorher sei sie wegen der Staublunge ihres Mannes aus dem Ruhrgebiet in ein Hunsrückdorf gezogen, in dem sie bis jetzt wenig Kontakte habe. Das Trinken habe sie vor ihrer Hauswirtin lange verheimlichen können. Erfreulicherweise sei diese jedoch sehr beherzt gewesen und habe ihr schließlich in einer Rede von Frau zu Frau die ganze Misere deutlich gemacht. Da habe sie von

heute auf morgen aufgehört mit dem Trinken. Schreckliche Entzugserscheinungen waren die Folge. Sie habe nun ständig die Sprudelflasche in der Hand wie damals die Kornflasche.
Auch in diesem Gespräch zog sie die Wasserflasche aus der Tasche.

Nach Rücksprache mit meinen Kolleginnen und Kollegen erhielt Frau M. eine Zusage, jedoch mit großer Unsicherheit.
Die Kur verlief ohne auffällige Probleme. Frau M. suchte jede Möglichkeit, um in Beratungsgesprächen mit dem Psychologen über ihre Ängste und die vorausgegangene Depression zu sprechen; vor allem sprach sie auch über den Abschied von ihrem Mann, der mit fünfundsechzig Jahren viel zu früh und unerwartet von ihr gegangen war. An vielen kurtherapeutischen Angeboten nahm Frau M. teil, obwohl sie – wie sie sagte – eigentlich kein Interesse daran hatte. Es war ihr wichtig, sich abzulenken, beschäftigt zu sein, auch Kontakte wahrzunehmen, ohne sich persönlich einzulassen.
Frau M. verließ die Kur erfreut, weil sie sich selbst bewiesen hatte, daß sie es weitere Wochen geschafft hatte, ohne Alkohol zu leben. Ihre Grundstimmung war jedoch noch von Angst geprägt; sie fürchtete sich vor der Einsamkeit zu Hause und vor dem Alter überhaupt.

Die Nachrichten nach der Kur bei Telefonanrufen und in Briefen waren mehr und mehr positiv. Frau M. nahm schließlich an einem Seminar für ehemalige Kurteilnehmerinnen teil. Sie war fähig, in Gruppengesprächen darüber zu reden, wie sie in der schwierigen Zeit nach dem Tod ihres Mannes gelebt hat, wie aus der energischen Vermieterin eine Freundin wurde und warum ihr das Kurhaus zur zweiten Heimat geworden war. Frau M. kam jedes Jahr um die Weihnachtszeit zur Kur in unser

Haus; diese hatte sie sich während des Jahres von ihrer Rente erspart. An dem inhaltlichen Geschehen des Weihnachtsfestes war sie weniger interessiert, da sie sich als „nicht fromm“ bezeichnete und ohnehin wenig über „kirchliche Dinge“ wisse. Was ihr jedoch wichtig war, waren die Kontakte zu den jüngeren Frauen, die sich in einer akuten Problemsituation befanden und zumeist ohne familiäre oder verwandtschaftliche Kontakte waren. Frau M., selbst kinderlos, lebte in ihrer Mutterrolle gegenüber diesen jungen Frauen richtig auf. Sie konnte gut zuhören und versuchte, alle Späße mitzumachen. Aber sie konnte auch deutlich machen, wie wichtig es ist, mit dem Jammern aufzuhören und einen neuen Anfang im Leben zu versuchen. Schließlich habe sie es in ihrem Alter auch noch gewagt, und es sei so gut gelungen, wie sie es selbst nicht erwartet habe.
Frau M. verstarb ganz plötzlich an einem Herzversagen. Sie wurde von einigen Menschen sehr vermißt.

Ich brauche Dich für meinen Weg

Ich glaube an die Auferstehung der Toten
so habe ich das Glaubensbekenntnis mitgebetet
und dies ist mir sicherer
als das Amen in der Kirche.
Wichtig aber ist mir ebenso mein eigenes
ganz persönliches Glaubensbekenntnis
das da heißt:
Ich glaube an die Auferstehung der Lebenden.

Ich sage dies, weil ich Menschen traf
denen es möglich war herauszusteigen
aus dem Grab ihrer Lebensverbitterung
und Selbstverachtung
weil jemand da war
der ihnen die Hand reichte
zu einem neuen Schritt
zurück ins Leben.

Ich glaube an die Auferstehung der Lebenden
an die Auferstehung der Beinahe-Toten
die wieder herausfinden aus dem Grab
des Verachtetseins und der Sinnlosigkeit
weil jemand kommt
der ihnen sagt:
Ich brauche deine Hilfe
ich brauche dich für meinen Weg.

Wie Oasen in der Wüste

Gespräch mit Frau L.:

Frau L. lebt mit ihrem siebenunddreißigjährigen geistig behinderten Sohn Robert in der Eifel. Vor zwanzig Jahren war sie zum ersten Mal in einer Sonderkur für Mütter mit geistig behinderten Söhnen. Heute ist sie zweiundsiebzig Jahre. Im folgenden Interview erzählt sie, wie sie ihr Leben, das alles andere als leicht war, im Rückblick sieht.

Ich weiß, Sie sind ein optimistischer Mensch, aber ich habe dennoch die Frage: Wie sehen Sie ihr Leben, in dem es ja viele schwierige Zeiten gab, wenn Sie zurückblikken?

Frau L.:
Ich bin am Frühlingsanfang geboren. Wir waren acht Kinder, sechs Jungen und zwei Mädchen. Meine Schwester verstarb leider früh. Ich kam mit vierzehn Jahren aus der Schule mit dem besten Abgangszeugnis der Klasse. Ich wollte Lehrerin werden. Ich hätte ein Freistudium bekommen, wenn ich damals – eine Bedingung der Nazis – aus der Kirche ausgetreten wäre. So machte ich dann Anfang des Krieges eine zweijährige Hauswirtschaftslehre. Kochen ist bis heute ein Hobby für mich neben vielen anderen. Wegen dieser erlernten Hauswirtschaft mußte ich als junges Mädchen sozusagen den Familienhaushalt übernehmen. Meine sechs Brüder haben es mir nicht leicht gemacht. Meine Mutter sorgte für den Stall und den großen Garten, für Feld und Wiesen. Ende 1944, als alles zerbombt war, wurden wir für ein Jahr ins Emsland evakuiert. Mitte 1945 kamen wir zurück. Von dort brachten wir eine Kuh und ein Schwein mit. Das war

schon eine gute Basis, aber alles mußte wieder aufgebaut werden. Wir waren jung und voller Tatendrang und glücklich, die Eltern und die Heimat wiederzuhaben.

Wie ging Ihr Leben von da ab weiter?

Frau L.:
Im Jahr 1946 habe ich meinen Mann beim Tanzen kennengelernt. Es war Liebe auf den ersten Blick. Gleich nach der Währungsreform haben wir geheiratet – jeder mit 60 DM. Ich bekam vom ersparten Geld noch 4,50 DM umgetauscht. Wir waren glücklich, die Welt gehörte uns. Da ich nie ganz gesund war, hat es auch zehn Jahre gedauert, bis ich endlich schwanger wurde. Ich wollte nur zwei Kinder haben. Es sollte genügend Kraft und Zeit für diese Kinder da sein. Das langersehnte Baby kam in einer sehr schweren Geburt zur Welt (Übertragungszeit drei Wochen, Scheintotgeburt, konnte erst nach zwanzig Minuten atmen).
So war mir eine schwere Lebensaufgabe zugewiesen, aber ich habe sie sogar dankbar angenommen. Mein Mann, der leider viel zu früh verstorben ist, hat mir sehr geholfen. Es hat mich so erfüllt. Ich würde ihn heute wieder heiraten.

Wie haben Sie die Entwicklung von Robert erlebt?

Frau L.:
Roberts Entwicklung war als sehr schwierig vorgezeichnet, aber ich habe fest an sein Weiterleben geglaubt. Er war immer so zufrieden und gedieh ganz prächtig. Sein erster Krampfanfall zeigte sich, als er vierzehn Monate alt war. Von da ab sind wir alle drei Monate von Bonn in die Klinik gefahren zur Hirnstrommessung; er bekam die ersten Medikamente, eine Sorte davon bekommt er schon seit fünfunddreißig Jahren. Heute sind es täglich

siebzehn Tabletten. Bei jedem Krampf entsteht bei Robert ein Chaos im Gehirn. Er reagiert auf viele atmosphärische Gegebenheiten: auf Aufregung, auf zuviel Freude, auch sehr stark auf Leid, besonders abends. Ich achte sehr darauf, daß er froh einschlafen kann. Zwar bin ich Tag und Nacht in Anspannung, aber ich schaffe das. Gott gibt einem nicht mehr als man tragen kann. Das war immer mein Wegweiser. Mit zweiundsiebzig Jahren ist man sowieso ein wenig weiser geworden und kann vieles im Leben rückblickend besser verstehen.
Ich hoffe, daß ich noch einige glückliche Jahre mit Robert erleben kann. Er hat leider sehr oft gesundheitlich schlechte Zeiten. So einmal im Monat schlägt er dann plötzlich rückwärts, was man nicht voraussehen und verhindern kann. Trotz Helm gibt es dann für ihn starke Prellungsschmerzen, Kopfweh und Sprachstörungen. Oft ist er dann monatelang nicht fähig, in die Werkstatt zu gehen. Später kommt die Erinnerung zurück, und er fragt: Woher kommt das mit meinem Gehirn? Wenn ich ihm erkläre, daß dies mit seiner schweren Geburt zusammenhängt und daß im Leben noch andere Krankheiten hinzukommen, sagt er manchmal: Wer nix hat, der kriegt noch wat!

War die Behinderung Ihres Sohnes wohl das schwerste Erlebnis für Sie?

Frau L.:
Das kann ich so nicht beantworten. Mein Gottvertrauen hat mir immer weitergeholfen; doch mein schwerster Gedanke ist, daß ich vor meinem Sohn sterben könnte und ihn dann allein lassen müßte. Es fällt mir leichter zu sagen, was mein schönstes Erlebnis war. Das war mein Mutterglück, das mir bis heute sehr viel Kraft und Lebensfreude gibt.

Woher haben Sie eigentlich die Kraft für den schweren Alltag genommen?

Frau L.:
Natürlich war es nicht leicht, auch wenn ich von Natur aus ein optimistischer Mensch bin. Sehr schwierig war es, wenn ich mich ganz ohne Kraft fühlte. Aber da gab es einen richtigen Glücksfall. 1977 wurde ich durch den Caritasverband in eine sogenannte Sonderkur für Mütter mit geistig behinderten Söhnen vermittelt, die gesondert von den Pfadfindern St. Georg betreut wurden. Es war ein großes Erfolgserlebnis für mich. Während der letzten zwanzig Jahre habe ich einige Male eine entspannende und gesundheitlich aufbauende Kur erlebt. Es war mir eigentlich in der Kur erstmals möglich, mich selbst wahrzunehmen, auch meine ständige Überforderung und Erschöpfung zu sehen – aber auch meine Stärken und Begabungen zu entdecken und mit mehr Selbstbewußtsein und Lebensfreude nach Hause zu gehen. Auch wie man mit Problemen und Konflikten umgeht, war ein wichtiges Thema in den Gruppengesprächen während der Kur. Ich habe mich eigentlich nie als Opferlamm gefühlt, sondern versucht, täglich etwas Gutes für mich zu tun. Das hat mir immer wieder seelischen Aufschwung gegeben, was letztlich auch meinem Mann und Robert zugute kam. Die erlebten Zeiten in der Kur bleiben in meinem Herzen wie Oasen in der Wüste.

Lebensvertrauen

Der Herr ist mein Licht
in Schattenzeiten
und Dunkelheiten
im finsteren Tal.

Fallen die Nebel auf mich
sind meine Wege verdunkelt
so führt mich sein Licht.

Der Herr ist mein Heil
in Krankheit und Gebrochenheit
in Schwermut und Verlassenheit
in Zeiten der Not.

Bin ich müde und ohne Kraft
ist meine Seele betrübt
so halte ich mich fest an das Wort:
Er heilt, die zerbrochenen Herzens sind.

Der Herr ist mein Lied
in Zeiten der Fülle
der Ruhe und Stille
an hellen Tagen.

Ich danke ihm
weil er mich Gutes erleben läßt
in der Vertrautheit und Herzlichkeit der Kinder
in der Freundschaft und Liebe der Menschen
in der Versöhnung mit den Feinden.

Ich singe ihm
weil ich seiner Güte gewiß bin.
Aller Kreatur gibt er Atem und Leben.
Seine Sonne geht auf
über Gerechte und Ungerechte.
Ich will ihm singen ein Leben lang.

Das Märchen von der verlorenen Perle *oder:* Das Wunder der Wüste

Als die Frau des Fischers ihre kostbare Perle am Strand des Meeres verloren hatte, weinte sie sehr. Da kam ein blauer Fisch dahergeschwommen und rief der Fischersfrau zu: „Du solltest nicht weinen. Ich will dir suchen helfen." Und damit verschwand er wieder.

Am nächsten Tag kam die Fischersfrau wieder zum Meer. Schon von weitem sah sie den blauen Fisch am Uferrand. „Deine kostbare Perle werde ich dir bringen", sagte er, „aber vorher mußt du drei schwierige Aufgaben erfüllen: Du wirst sieben Tage und Nächte durch die Wüste wandern, und die Sterne werden dir den Weg zu einem Brunnen zeigen. Dort wirst du ausruhen und Kraft bekommen für den Weg zurück. Auf diesem Weg wird dir ein Mensch begegnen; gramgebeugt und einsam wird er sein, und er wird dir davon erzählen, was er auf den Straßen der Menschen an Leid und Bosheit erfahren mußte. Dein Herz, gestärkt durch das Schweigen unter den Sternen, wird alles erspüren, was den Weggefährten bedrückt. Du wirst sehr lange und mit großer Geduld auf seine Worte hören. So schwer es für dich auch sein wird: Du wirst erfahren, daß du für diesen Menschen Antworten auf seine Fragen finden kannst."

Die Fischersfrau war sehr erschrocken über die Worte des blauen Fisches. Sie machte sich dennoch auf den schweren Weg in die Wüste. Sieben Tage und Nächte lang war sie unterwegs. Als sie endlich den Brunnen erreichte und ohne Angst zu den Sternen aufschauen konnte, war ihr Herz von einem tiefen Frieden erfüllt. Sie hatte an dem Brunnen die versprochene Ruhe gefunden und trat so gestärkt den Rückweg an.

Wie es ihr der Fisch vorausgesagt hatte, begegnete ihr ein gebeugter Mann. Wie viele Tage und Nächte das gemeinsame Wandern nun dauern würde – es wurde unwichtig, als sie dem Klagen und Fragen ihres Weggefährten zuhörte. Es fiel ihr immer leichter, nur still bei ihm zu sein und ihr Herz für seine Kümmernisse zu öffnen. Und dann fand sie ganz aus ihrem Herzen heraus die Worte, die der Mann so bitter nötig brauchte. So kam es, daß er eines Tages gestärkt und getröstet seinen Weg alleine fortsetzen konnte, und sie nahmen herzlich Abschied voneinander.

Als die Fischersfrau wieder zurück ans Meer kam, hielt sie Ausschau nach dem blauen Fisch. Diesmal mußte sie sehr lange warten, bis er aus der Tiefe des Wassers auftauchte. „Ich habe getan, was du mir aufgetragen hast", sagte sie, und nach einer Pause fügte sie an: „Großer Lohn ist mir wider Erwarten durch das Bestehen der Prüfungen zuteil geworden:

- Auf dem langen Weg durch die Wüste
  habe ich in der Stille das Schweigen gelernt.
- Auf dem noch längeren Weg an der Seite
  meines Weggefährten lernte ich im Schweigen
  das Hören mit meinem Herzen.
- Und im Schweigen und Hören lernte ich,
  Worte der Wegweisung für diesen
  bedrückten Menschen zu finden."

Der blaue Fisch konnte richtig sehen, wie froh die Frau war. Sie hatte ihre verlorene Perle ganz vergessen.
„Nun kann ich dir die Perle zurückgeben", sagte der blaue Fisch, „sie wird dir fortan Glück bringen."
Sie hörte sich verwundert sagen: „Ich danke dir, lieber blauer Fisch; denn ich habe mit deiner Hilfe nicht nur meine Perle wiedergefunden, sondern Weisheit und Licht für meinen weiteren Weg."

Weitgereist

Sie sitzt neben mir in der Halle eines Dubliner Hotels. Ich suche kein Gespräch, aber sie stellt Fragen. „Woher kommen Sie? Warum fahren Sie gerade nach Irland in Urlaub?" Sobald sie weiß, daß ich aus Deutschland komme, spricht sie deutsch. „Baden-Baden", strahlt sie für einen Augenblick. „Mein Mann und ich verbrachten viele Ferien dort. Eigentlich sei sie Jugoslawin, sie fühle sich aber wohler in Norwegen oder auch in Kanada. „Dublin ist langweilig und schmutzig, aber Deutschland ist zur Zeit zu teuer für mich. Ich werde im Herbst nach Kanada reisen, obwohl der Winter dort sehr kalt ist. Aber ich habe Pelze."

„Ich bin sehr einsam", sagt sie, „aber ich will niemanden sehen. Ich will mit niemandem sprechen." Sie spricht zwei Stunden mit mir. Das Leben sei trist und einsam. Die Welt sei voller Egoisten. Sie stellt mir viele Fragen, wartet jedoch die Antwort nicht ab, sondern sagt immer wieder, daß es sich nicht lohne, auf dieser Welt zu leben. Ich sei anderer Meinung, aber ich könne dies alles noch erfahren. „Ein Glück, daß dieser Sonntag vorbei ist", sagt sie, während sie einen Krabbencocktail verschlingt. „Ich bin viel zu dick", sagt sie jetzt. „Ich esse zu viel, aber es ist nicht wichtig in diesem Land, wie man aussieht. Man müßte irgendwo anders leben. In Spanien oder in Mexiko, wo ich häufiger war." Sie hat einen Drink bestellt. Der Ober bringt ihn, aber sie ist eingeschlafen und sitzt da mit offenem Mund, eingehüllt in ihren Pelz, aber dennoch frierend und eingefangen von der Öde und Traurigkeit ihres Alters.

Rückschau

Kindheit
ohne Träume

Jugend
ohne Illusionen

Weitergehen
ohne Erwartung

Alt geworden
ohne Spiegel

K.

„Ich sortiere meine Sorgen“

„Wo ist bitte mein Einzelzimmer?“ fragte sie ganz energisch nach einer kurzen Begrüßung. Dennoch war ihr anzusehen, daß sie irgendwie verängstigt und aggressionsgeladen war. Auf dem Weg zu ihrem Zimmer machte ich einen Versuch, sie etwas zu entspannen, indem ich sie nach dem Reiseverlauf fragte und ihr nebenbei ein Kompliment zu ihrem auffallend eleganten Hut machte. Daraufhin stellte sie ganz spontan ihren Koffer ab und fragte zurück, ob ich das ernst meine. Den Hut habe sie sich gekauft, um ihr „schlimmes Aussehen“ etwas zu kaschieren. Sie habe solche Angst vor der Kur. Ganz sicher sei sie die dickste in der Gruppe.
Im Zimmer angekommen setzte sie das Gespräch fort. In wenigen Minuten hatte sie ihre Lebensgeschichte in großen Zügen erzählt. Ihr Mann habe sie verlassen wegen einer Freundin. Ihr gegenüber habe er immer wieder gesagt, daß man sich mit ihr wegen ihres Aussehens nicht sehen lassen könne. Nachdem ihr Mann sie verlassen hatte, habe sie sich zunächst einmal von allen Menschen isoliert, obwohl sie eigentlich ein geselliger Mensch sei. Sie sei nur noch zum Einkaufen gegangen. Nicht einmal den Arzt habe sie aufgesucht während der Zeit ihrer Isolierung, die über vier Monate gedauert habe. Eines Tages sei eine Bekannte aus ihrer Kirchengemeinde gekommen. Sie wollte sich nach ihr erkundigen, da man sie seit langem nicht mehr in der Kirche gesehen habe. So sei dann alles ins Rollen gekommen: Arztbesuch, Verschreibung einer sofortigen Kur auf Grund der bestehenden Depression und des Übergewichtes. Ganz schnell habe dann die Vermittlungsstelle des Caritasverbandes einen Kurplatz gefunden, und so sei sie heute da, „mit unheimlicher Angst“, wie sie wiederholte. Es war nicht der Zeitpunkt, mit Frau S. ein Beratungsgespräch zu beginnen. Ich

konnte nur noch einen Versuch machen, ihr zu sagen, daß für viele Kurteilnehmerinnen der Anfang schwer sei und daß ihr Übergewicht gar nicht so negativ auffalle, da sie wahrscheinlich großes Geschick habe, sich vorteilhaft zu kleiden.

Frau S. konnte sich überraschend gut in das Kurgeschehen einleben. In ihrer Diätgruppe erlebte sie andere Frauen mit ähnlichen Problemen. Nach einigen Tagen war sie fähig, selbst Witze über die „Schwergewichtigen" zu machen, von denen sie ja noch eine der leichtesten sei. Auffallend war, daß Frau S. nach einer Woche in der gesamten Kurgruppe bekannt war. Sie hatte vielen Frauen im Schwimmbad das Rückenschwimmen beigebracht. So ergab es sich auch, daß sie von der Kurgruppe einstimmig dazu auserkoren wurde, die Leitung des Abschiedsfestes zu übernehmen. Dieses Fest wurde durch ihre Ideen und ihren Einsatz zu einem Superfest.
Ganz spontan kam Frau S. am Ende des Festes auf mich zu und sagte: „Wie konnte ich jahrelang mit mir so stiefmütterlich umgehen! In dieser Kur habe ich erlebt, daß ich viel mehr kann, als ich eigentlich von mir wußte. Und ganz sicher weiß ich, daß ich mit meinen zweiundfünfzig Jahren noch etwas Sinnvolles anfangen kann.

Daß Frau S. Nägel mit Köpfen machen würde, dessen war ich sicher. Aus einem späteren Brief nach der Kur erfuhren wir, daß sie an einem Werkkurs teilgenommen hatte und den Sommer über Seniorenfreizeiten begleitete. „Die Decke wird mir nie mehr auf den Kopf fallen. Es wird schon beinahe stressig, aber ich fühle mich wohl. Die Kur war für mich die schönste Zeit seit vielen Jahren. Als ich in der dritten Kurwoche mehrere Tage hintereinander zweimal am Tag und auch nachts schlafen konnte, meinte man am Tisch, daß ich spinnert sei. Aber ich war nicht spinnert. Ich hatte einen so großen und tiefen Frieden in mir, daß mich keiner hätte rauslocken können. Natürlich bin ich nicht gerne nach Hause gefahren. Jedenfalls habe ich nun erst mal nein zu einer Scheidung gesagt. Mit meinen anderen Sorgen und mit dem, was auf mich zukommt, mache ich es jetzt einfach so: Ich sortiere meine Sorgen. Als ich von der Kur nach Hause fuhr, verabschiedete sich eine Kurkollegin von mir mit den Worten: ‚Auf Wiedersehen, Sie Type'. Das war ein richtiges Kompliment für mich. Ich hatte vor meiner Kur nicht mehr geglaubt, das Leben noch einmal zu schaffen, und nun stehe ich mittendrin. Mein Arzt zu Hause sagte mir, daß ich doch noch einige Pfunde abnehmen müsse. ‚Und wohinter soll ich mich verstecken?' habe ich lachend gefragt. Selbst mein Humor von früher ist wiedergekommen. So lebt es sich leichter."

Jennylee, die Artistin

Als ich in einem Nachbarschaftsheim in Berlin-Kreuzberg ein Praktikum in einer „Offenen" Tür machte, wurde ich überraschend zu einer Western-Show eingeladen. Sie fand in der Berliner Sporthalle statt, damals noch jenseits der Mauer. Für mich als Grenzgängerin war es immer etwas beängstigend, nach Ostberlin zu gehen, weil mich Freunde immer wieder mit Medikamenten, Kaffee und Zigaretten versorgten, die ich an ihre Verwandten weitergeben sollte.

Die Einladung zu dieser Show fand ich besonders interessant, nachdem mir meine Kollegin mitgeteilt hatte, daß wir dort ihre Cousine aus Amerika sehen würden – eine große Künstlerin, die sogar in den Filmen von John Wayne als Lasso-Werferin zu sehen war. Da ich bis dahin kaum einen Westernfilm kannte, wußte ich nicht so recht, welche künstlerischen Aufgaben eine Lasso-Werferin in einer solchen Show haben konnte. Ich wollte mich überraschen lassen, zumal wir nach der Vorstellung zu einem Abendessen mit Jennylee – so hieß die junge Künstlerin – eingeladen waren.

Als Provinzlerin – obwohl ich in einigen Großstädten gelebt habe – war ich überrascht von der Größe und Ausgestaltung des Sportpalastes, überwältigt aber von der Vorstellung, auch wenn mir die ständige Schießerei nicht gefiel. Die schönen Pferde hatten es mir angetan, die verwegenen Reiter und Reiterinnen und vor allem die Kostüme in ständig wechselnder Pracht. Jennylee war während der ganzen Show präsent. Ich hätte mir niemals vorstellen können, daß es möglich sei, Pferde in rasender Geschwindigkeit mit einem Lasso einzufangen, gleichzeitig aufzuspringen und im fliegenden Galopp eine Verfolgungsjagd aufzunehmen. Jennylee kam in immer prächtigeren Kostümen auf die Bühne, machte immer

verwegenere Kunststücke, erhielt auf offener Bühne und auch am Schluß einen riesigen, berlinerischen Beifall. Wir trafen uns mit ihr an einem Seitenausgang. Ich hatte damit gerechnet, daß sie uns in ein benachbartes Hotel einladen würde, aber sie nahm uns mit in ihr „Apartment", ein großes Zimmer mit einer Art Kochnische, in der sie ein texanisches Abendessen vorbereitet hatte. Jennylee erzählte, daß sie schon drei Monate hier lebte und insgesamt ein halbes Jahr hier sein würde, solange die Show in Ostberlin gastierte. Wir sprachen zunächst über die Show und waren voller Bewunderung, erst recht, als wir erfuhren, daß Jennylee alle ihre Kostüme selbst entworfen und genäht hatte. „Ich habe bei den Wiederholungsshows tagsüber oft Zeit, da die Proben nicht ganztägig laufen."
Daß sie auf einer Farm in Texas geboren sei, erzählte sie uns während des Abendessens, und natürlich habe sie mit vier Jahren reiten gelernt. Es sei eine herrliche Kindheit gewesen. Aber in einer Schule sei sie nicht gewesen, habe nicht schreiben und lesen gelernt; erst im Jugendalter habe sie sich einen Privatlehrer gesucht. Als ich sie fragte, wie sie ihre Freizeit verbringe, erzählte sie, daß sie schon seit langem eine Art Selbststudium mache. Zur Zeit beschäftige sie sich mit Philosophie. Irgendwer habe sie auf Kierkegaard aufmerksam gemacht, und der beschäftige sie sehr, vor allem auch als Theologe. „Ich habe einen ganz konkreten Tagesablauf mit Gymnastik und natürlich mit den vorgeschriebenen Proben", berichtete sie. „Ich muß für mein Essen sorgen, und es ist für mich sehr wichtig, mich geistig zu beschäftigen. So kann ich das in meinen Augen düstere Berlin ertragen und werde nicht vom Heimweh zernagt.
Ich lebe anders in Paris oder New York, weil ich dort Freunde habe. Aber ich brauche einen festen Rhythmus. Von einem indischen Kollegen konnte ich vor einiger Zeit etwas über Meditation erfahren. Ich habe mich

schon ein wenig eingeübt. Die Stille und Konzentration hilft mir. Ich lebe jetzt mehr aus meiner Mitte heraus. Disziplin ist so wichtig in meinem Beruf, auch seelisches Gleichgewicht."

Als wir Jennylee verließen, war es lange nach Mitternacht. Ich war sehr beeindruckt von der Begegnung mit ihr. Bis heute weiß ich nicht, wen ich mehr bewundern sollte. Jennylee, die Artistin, oder Jennylee, die Lebenskünstlerin. Wahrscheinlich sind sie beide unzertrennlich.

Die Ahnfrau – Ein Märchen?

Vor langer, langer Zeit, als die Menschen nicht mehr im Paradies lebten, sondern in dunklen Wäldern, in grauen, wasserarmen Sandwüsten, in kalten unwirtlichen Gebirgen und ihr Brot mühsam im Schweiße ihres Angesichtes aßen, zu dieser Zeit also, als die Männer das Land regierten und in Kriegen und auf der Jagd ihre Schnelligkeit und Stärke zeigten, die Frauen jedoch in ihren Hütten blieben und unter großen Mühen für das Wohl und Wehe ihrer Sippe verantwortlich waren, zu dieser Zeit trat eine große Ahnfrau auf. Immer dann, wenn irgendwo ein Mädchen geboren wurde, trat sie unversehens in die Hütte, in der das Kind lag, und legte einen goldenen Schlüssel in die Wiege. Dabei tat sie einen Weisheitsspruch kund, den zwar das Kind nicht verstand, der jedoch fast wie ein Segen über seinem Leben stand. Sehr viel später erfuhr es von seiner Mutter von dem Geschenk des goldenen Schlüssels und von der geheimen Weissagung, die also lautete:

Dieser kostbare Schlüssel soll dich dein Leben lang begleiten. Er wird dir manche Türen und Tore auf deiner Lebensreise öffnen, und zwar immer dann, wenn du Schutz suchst auf deinem Weg in der Fremde und Einlaß brauchst in ein Zelt, ein Haus oder eine Burg, wenn du eintreten willst in neue Landschaften deines Lebens, wenn du geheime Botschaften entschlüsseln willst oder einen Zugang suchst zum Herzen eines Menschen, das dir bis dahin verschlossen blieb. Auf deiner Lebensreise wirst du erfahren, daß der Schlüssel dir Schutz gibt, aber er ist dennoch kein Schlüssel zum immerwährenden Glück.

Sieh ihn an als ein Symbol für das, was dir schon von jeher als Gabe geschenkt wurde, nämlich: die Fähigkeit,

Lebensbotschaften zu verstehen und weiterzugeben, Lebensgeheimnisse zu entschlüsseln und zu deuten, hinabzusteigen in den eigenen Lebensgrund und aus der Tiefe Leben zu schöpfen für die vielen grauen Gezeiten des Daseins.

So lebten die Frauen viele tausend Jahre aus dieser Verheißung. Manche von ihnen verwahrten den goldenen Schlüssel in einem eisernen Kästchen und vergruben ihn an einen geheimen Ort. So ging er für alle Zeit verloren. Viele andere aber gaben ihn weiter an die Töchter der nächsten Generation, gleichsam als geheimes Geschenk.
So kommt es, daß bis zum heutigen Tag manche Männer ihre Frauen bewundern oder sogar verehren, weil sie die kleinen und großen Fragen des Lebens ganz bewußt aufgreifen, nach einer Antwort suchen und damit das Leben lebendiger und erfüllter machen.

Blitzlichter aus Rückmeldungen

Verzweiflung und Bitterkeit sind gewichen

„Lange Zeit habe ich Ihnen geschrieben, wie schlimm es nach der Scheidung um mich stand. Auch wenn es mir jetzt gutgeht, denke ich noch immer an das Kur-Team. Ja, es geht mir wirklich gut, und ich bin eine zufriedene, glückliche Frau geworden. Die Verzweiflung, die vor einem Jahr noch in mir steckte, ist Lebensmut, Glück und Ausgeglichenheit gewichen. Mit meinem Freund lernte ich kennen, wie schön eine Partnerschaft sein kann. Ich bin ein ganz anderer Mensch geworden.
Doch ab und zu holt mich die Vergangenheit ein, denn ganz habe ich sie noch nicht bewältigt. – Wie ich Ihnen ja schrieb, hatte ich damals in unserem Hochhaus eine kleine Gruppe alleinerziehender Mütter durch einen Aushang am „schwarzen Brett" ins Leben gerufen. Die Gruppe existiert nicht mehr, aber man kennt sich jetzt und sieht sich. Manche sind auch weggezogen.
Vielleicht ergibt sich einmal die Möglichkeit, in Ihre Nähe zu kommen, und dann schauen wir vorbei."

Weil ich nicht mehr stillhalte

„Inzwischen ist unsere Familie größer geworden – das geht an die Nieren. Aber ich fühle mich wohl. Ich mache täglich mein erlerntes Training, und meine Firma läuft. Ab Montag gehe ich von 5 bis 12 Uhr mittags arbeiten. Es ist alles so teuer. – Nun, ich durfte mich bei Ihnen so herrlich erholen, davon werde ich noch länger zehren, daran glaube ich fest. Schließlich darf ich dem lieben Psychologen keine Schande machen, er soll sich doch nicht umsonst abgeplagt haben!

Hoffentlich fällt morgen der Himmel nicht auf mich herunter, es gibt Zeugnisse. Gott sei gedankt, die Kinder sind nicht so dumm wie Mutter (!). Lassen wir es auf uns zukommen.
Außer meinem Bruder sind alle Anverwandten nicht gerade erbaut von mir. Sie erkennen mich nicht mehr, weil ich nicht mehr stillhalte! Ich will nicht umsonst in der Kur gewesen sein."

Ein anderes Bewußtsein

„Es ist tatsächlich so, daß mir die Kur ein anderes Bewußtsein und Selbstverständnis vermittelt hat und ich mich jetzt wohlfühle. Zunächst wollte ich mir dieselbe gute Atmosphäre weiterhin schaffen, wie ich sie bei Ihnen kennengelernt habe, und mir die kleinen Freuden nach wie vor gönnen. So ist es mir recht gut gelungen, als ruhender Pol auf die übrige Familie abzufärben, und ich genieße nun richtig, wieviel mehr Anerkennung, Freundlichkeit und Liebenswürdigkeit durch mein verändertes Verhalten auf mich zukommen. Auch habe ich bei Ihnen gelernt, mit meinen Gefühlen besser umzugehen, d.h., wenn mich etwas anrührt, weder in Panik zu fallen noch mich in unangebrachte Hoffnung zu stürzen. „Ihr Haus" hat mir durch Kurmittel, Beispiel, Vorbild und hervorragende Denkanstöße zu einer neuen Lebenseinstellung verholfen, und ich hoffe, das hält auch vor."

Ein richtig hysterischer Besen

„Obwohl ich vielleicht durch mein schweigsames, unsicheres Verhalten den Eindruck vermittelte, ich wüßte nicht, was ich wolle, waren gerade die Gespräche und die Erlebnisse der Kur ausschlaggebend für einen neuen Anfang für mich und meinen Sohn. Ich habe während der Kur einen großen Kampf mit mir ausgefochten und war bis zum Schluß davon überzeugt, daß ich zu meinem Mann zurückkehren wolle. Aber als er uns am Bahnhof abholte, hätte ich am liebsten meinen Jungen geschnappt und wäre davongelaufen. Ich stand da wie versteinert. Von da an wußte ich, daß unsere Ehe nicht mehr zu retten war. Ich war sieben Jahre lang unglücklich gewesen und hatte nur in Zank und Streit gelebt.

Ich bin nun zu meiner Mutter gezogen, damit das Kind nicht weiter leiden muß. Sie haben mir zur Durchführung meiner Entscheidung verholfen, indem Sie mir sagten, ich hätte das Zeug dazu, aus meinem Leben etwas zu machen. Außerdem haben Sie mir die Augen geöffnet, wie wichtig es für das Kind ist, eine ausgeglichene, zufriedene, freundliche Mutter zu haben. Wenn ich über mich nachdenke, stelle ich fest, daß ich in den letzten fünf Jahren in meinem Unglück ein richtig hysterischer Besen geworden war. Ich hoffe, daß ich an mir und vor allen Dingen an dem Kind vieles wieder gutmachen kann."

Aus dem Traumbuch

Im Traum saß ich vor einem goldenen Spiegel, um mich zu betrachten. Erschrocken stellte ich plötzlich fest, daß ich nur die Umrisse meines Gesichtes sehen konnte. Ich prüfte, ob der Spiegel nicht blind war, aber das Glas war klar, wie ich feststellte. Ich legte meine Hände auf mein Gesicht, um sicher zu sein, daß meine Augen da waren, mein Mund und meine Nase. Ich schaute erneut in den Spiegel und sah wieder nur die schattenhaften Umrisse meines Kopfes. „Ich habe mein Gesicht verloren", rief ich plötzlich ganz laut. Daraufhin kamen durch die Tür meines Zimmers einige meiner besten Freunde. Ich wiederholte noch einmal, daß ich mein Gesicht nicht mehr finden könne.
Meine Freunde versuchten mich zu beruhigen. „Dein Gesicht hast du nicht verloren", sagten sie, „wohl aber dein Selbstbild aus dem goldenen Spiegel."
Ich hatte Mühe, dies zu verstehen, war mir aber trotzdem schon im Traum bewußt, daß es notwendig war, mich auf die Suche nach einem anderen Spiegel zu machen."

Vor jedem steht ein Bild, des was er werden soll,
solang er das nicht ist, ist nicht sein Friede voll.

Angelus Silesius

Frau Anfang

Eine Mitarbeiterin des Caritasverbandes hatte sie entdeckt und zur Kur vermittelt. Zur damaligen Zeit war sie körperlich und seelisch völlig erschöpft, bedingt durch eine jahrelang schwierige familiäre Situation. Zwar hatte sie sieben gesunde Kinder, aber auch einen alkoholkranken Ehemann, der eigentlich abhängig geworden war durch zu viel „Freundlichkeit" seiner Umgebung. Um es näher zu erklären: Der Ehemann von Frau Anfang – dieser Name paßt zu ihr – fuhr für die Pfälzer Bauern Milch zur Molkerei. Immer dann, wenn sie ihn um einen Gefallen baten, zum Beispiel etwas zu besorgen, bedankten sie sich mit einem selbstgebrannten Mirabellenschnaps – einem Glas oder einer Flasche, so wie es sich ergab. Und so wurde der Hochprozentige zur Gewohnheit und führte langsam aber sicher zur schweren Abhängigkeit. Herr Anfang – bisher ein gutmütiger, hilfsbereiter Mann – wurde launisch und langsam ein Tyrann im Umgang mit seiner Familie. Bei Meinungsverschiedenheiten mit seiner Frau schlug er einfach zu. Frau Anfang machte nach einiger Zeit alle Versuche, sich Rat und Hilfe zu holen, zunächst für ihren Mann, aber auch für sich selbst. So kam sie zu einer Beratungsstelle der Caritas, in der ihr zu einer sofortigen Kur geraten wurde, die sie auch antrat.

Während ihrer Kur sprach Frau Anfang zunächst nicht über ihre Probleme. Sie war froh, weit weg von der sich täglich wiederholenden Misere zu sein. Sie war zwar interessiert an den kurtherapeutischen Angeboten, jedoch suchte sie Ruhe und Stille nach dieser langen, aktiven Familienphase mit sieben Kindern, die inzwischen junge Erwachsene waren.
In einem Gespräch am Ende der Kur äußerte Frau Anfang fast nebenbei, daß sie sich gut vorstellen könne, in unse-

rem Kurheim in der Küche oder Hauswirtschaft mitzuarbeiten. Da das Haus zu dieser Zeit keine neuen Mitarbeiterinnen suchte, fragten wir, ob sie auch bereit sei, eine Urlaubsvertretung zu übernehmen. Schon vierzehn Tage nach der Kur mußten wir Frau Anfang bitten, die Vertretung für eine erkrankte Beiköchin zu übernehmen.

Frau Anfang kam und blieb fünfzehn Jahre als Mitarbeiterin in der Küche. Als ihr eine feste Stelle angeboten werden konnte, entschied sie sich dafür. Auch wollte sie ganz von zu Hause wegziehen, um so ihrem Mann eine Chance zu geben, mit dem Trinken aufzuhören. Leider kam es nicht dazu, zumal er jede therapeutische Hilfe von jeher abgelehnt hatte.
Frau Anfang war eine gute Köchin von Haus aus. Sehr schnell erlernte sie jedoch die besonderen Kochkünste, die in einem Kurheim erforderlich waren. Frau Anfang war nicht nur begabt, was das Kochen betraf. Sie hatte daneben die besondere Fähigkeit, zu den Kurteilnehmerinnen einen guten Kontakt zu bekommen und deren Wünsche an die Küche wahrzunehmen. So trug sie ganz wesentlich zu einer guten Atmosphäre des Hauses bei.
Frau Anfang schien bei ihrem Kochplan auf besondere Gesichtspunkte zu achten. Sie veränderte den erstellten Speiseplan je nach Wetterlage und Stimmung der Kurgruppe. Kamen z.B. Gäste von einem verregneten Ausflug zurück, so gab es eine kleine warme – nicht vorgesehene – Mahlzeit; befanden sich die Frauen in einem Kurtief, so brachte sie eine besonders schöne Mahlzeit auf den Tisch. Frau Anfang ermunterte die Untergewichtigen zum Essen und ermahnte die Abnehmenden zum Durchhalten der Fastenkur. Sie tröstete damals die Raucherinnen mit Anteilnahme und bestätigte, daß das Aufhören schwer sei. Sie selbst versuche auch noch immer – nach einigen Einstellversuchen –, sich an der Zigarette festzuhalten, aber sie werde es schaffen.

Sie hat es geschafft, so wie sie vieles in ihrem Leben geschafft hat. Sie baute am Anfang ihrer Ehe ein großes Einfamilienhaus mit ihrem Mann. Sie nähte alle Kleidung für die gesamte Familie, sie lernte Auto fahren, als es noch nicht üblich war, daß Frauen Auto fuhren. Damals brauchte sie das Auto, um ihre Kinder zu den verschiedenen Lehrstellen zu fahren, die sie mit dem Bus und der Bahn nicht erreichen konnten. „Alle Kinder haben einen Beruf", sagte Frau Anfang. „Und das war ein wichtiges Anliegen, für das ich mich eingesetzt habe."

Frau Anfang ist inzwischen Rentnerin. Auch das hat sie geschafft, sich noch mit fünfzig Jahren eine kleine Rente zu erarbeiten. Obwohl sie ein freundlicher Mensch ist, war sie stets zurückhaltend in der Wahrnehmung von Kontakten. Dennoch sitzt sie nicht in ihrer Wohnung und bläst Trübsal. Sie ist engagiert in einem Wanderverein und hat inzwischen viele schöne Gegenden Deutschlands kennengelernt. Sie ist Helferin in der örtlichen Seniorengruppe und nimmt teil an Seminarangeboten für Senioren. Ab und an gönnt sie sich eine schöne Urlaubszeit.

Frau Anfang hat unendlich viel gearbeitet in ihrem Leben. Das weiß sie und spürt sie allmählich an den nachlassenden Kräften. Viel Entscheidungskraft hat sie damals gebraucht, um von ihrem Mann und aus ihrem Dorf wegzugehen – zumal sie wußte, daß nicht alle Dörfler ihren Weggang positiv aufnehmen würden. Sie sagt heute, es sei ein „großer Segen" gewesen, daß man sie damals in die Kur „schickte" und daß sie selbst noch lernen konnte, ihr Leben reicher und schöner zu machen. Reich war es sicher schon vorher, aber es war schwer. Dennoch oder vielleicht deshalb hatte sie den Mut zu einem neuen Anfang.

Entspannungsübung in einem Anti-Streß-Seminar

Was alles unentwegt durch meine Gedanken geht

Übung:
Sie liegen ganz entspannt auf Ihrer Matte, die Arme leicht gestreckt an ihrer Seite. Sie atmen ruhig und tief. Sie sind ganz entspannt, ganz gelöst. Ihr Atem kommt und geht. Auch ihre Gedanken kommen und gehen.

Meine Gedanken kommen, aber sie gehen nicht. Mich beschäftigt das letzte Gespräch mit meinem Ältesten, der wieder zwei Fünfen in seinem Zeugnis hatte. Und geärgert habe ich mich über meinen Mann, der nicht einen einzigen Satz dazu sagte. Ja, er gibt eigentlich nie einen Kommentar ab, wenn ich der Meinung bin, daß Marc, unser Ältester, faul und letztlich nur ein Computerfreak ist.

Achten Sie weiterhin auf Ihren Atem, atmen Sie ruhig ein und aus. Spüren Sie, wie der Atem durch Sie hindurch fließt, wie es in Ihnen atmet. Lassen Sie Ihre Gedanken kommen und gehen.

Die Gedanken kommen, aber sie gehen nicht. Immer neue Gedanken kommen. Eigentlich sind es richtige Sorgen. Wie soll es weitergehen, wenn meine Mutter immer kränker wird und sich nicht mehr selbst versorgen kann? Auch wenn wir sie platzmäßig bei uns aufnehmen könnten, würde das bedeuten, daß ich mit meiner Arbeit aufhören müßte, die mir nun seit Jahren Spaß macht und unser Budget aufbessert. Die Entscheidung wird bald auf uns zukommen.

Sie atmen ganz ruhig und entspannt. Sie lassen los von inneren und äußeren Anspannungen. Sie fühlen sich wohlig und gelöst.

Von wegen wohlig und gelöst. Ich spüre einen Krampf in meinen Waden. Meine Gesichtsmuskeln und die Augenlider zucken. „Dein Wochenende wird dir sowieso nichts bringen, weil du dich mit allem verrückt machst", hat mein Mann gesagt. Eigentlich war es gemein von ihm, mich so zu verabschieden, wo ich zum ersten Mal seit unserer Ehe die Familie für ein Wochenende allein lasse. Wütend bin ich und nicht entspannt. Wie kommt die Familienbande eigentlich zu der Annahme, daß ich jederzeit vorhanden sein muß? Nicht nur vorhanden, auch ständig in Betrieb – ohne daß sie wissen, was eigentlich alles zu tun ist, wenn ich aus dem Büro zurückkomme.

Stellen Sie sich vor, Sie liegen jetzt an einem weißen Sandstrand, vor Ihnen das blaugrüne Meer. Ihr Rücken liegt im warmen, weißen Sand. Bleiben Sie in dem guten Gefühl von Entspannung und Ruhe. Spüren Sie die erfrischende Brise vom Meer.

Die ruhige Stimme des Therapeuten erinnert mich an meinen Chef, der mir immer wieder einmal ein Kompliment macht. „Auf Sie kann man sich immer verlassen", sagte er noch gestern. „Sie sind niemals krank und immer freundlich und gut gestimmt. Er hat sogar recht. Ich habe niemals einen Tag ausgesetzt wegen Krankheit. Ich war jeden Tag zur Stelle, ob ich mich gesundheitlich gut oder schlecht fühlte. Krank bin ich nicht, aber nervös, unheimlich nervös, weshalb ich es in dieser Übung auch nicht einen Augenblick schaffe, entspannt zu sein. Hoffentlich ist die Übung bald zu Ende. Ich brauche Bewegung und Alleinsein oder aber ein Gespräch mit dem Therapeuten über das Erlebte.

Ich werde jetzt noch etwas Musik einspielen. Achten Sie weiterhin auf Ihren ruhigen Atem. Lassen Sie los, was Sie gedanklich festhält und beschwert.

Die Musik ist leise. Ich kralle mich fest in meine Matte. Ich beginne innerlich zu weinen. Ich versuche an meine Wut zu denken, damit es nicht aus mir herausstürzt.

Wir sind am Ende unserer Übung. Kommen Sie langsam zurück. Öffnen Sie wieder Ihre Augen. Richten Sie sich langsam auf, und versuchen Sie, Ihre Umgebung und sich selbst wieder wahrzunehmen.

Ich habe mich während der gesamten Übung wahrgenommen. Vielleicht war meine Unruhe in dieser ersten Übung gar nicht so schlecht. Ich habe das Gefühl, ich bin meiner inneren Grundstimmung, mir selbst ein wenig nähergekommen, trotz oder wegen der Unruhe. Ich werde darüber in der Austauschrunde sprechen. Ich bin jetzt schon viel ruhiger, nicht wohlig, träumerisch, aber irgendwie vielversprechend. Ein Wochenende kann keine Wunder vollbringen, aber sie werden sich alle wundern, wenn ich zurückkomme. Etwas muß anders werden, einiges muß sich verändern. Bei mir werde ich beginnen, so wahr ich Michaela heiße.

Was soll aus meinen Brüdern werden?

Ihr Wohnwagen stand auf dem Gelände eines Dubliner Klosters. Es fehlte eigentlich alles, was ein romantisches Bild hätte abgeben können: Pferde, Musik, eine Schar Kinder um den Wagen. Margret war unverheiratet, fünfunddreißig Jahre alt und berufstätig. Sie arbeitete in der Waschküche eines Klosterinternats für gehörlose Kinder. Ich traf sie dort während eines Ferienaufenthaltes.

Zum erstenmal sah ich sie in der Teepause. Sie fiel sofort auf unter den übrigen Angestellten – durch ihre besondere Freundlichkeit und ihren Charme. Wir kamen sehr bald miteinander in einen guten Kontakt und sahen uns beinahe täglich. Einiges, was sie mir fast nebenbei erzählte, ist bemerkenswert.

So lebte sie mit ihren beiden unverheirateten Brüdern zusammen, die beide alkoholkrank und schon einige Male zu Entziehungskuren waren. „Schon seit zehn Wochen geht es gut", sagte sie mir, „aber dafür gibt es noch viele andere Sorgen." Sie erzählte von der nervenkranken Nichte, die „zur Schande meiner ganzen Familie ein uneheliches Kind hat. Sie lebt im Anhänger unseres Wagens und braucht immer wieder eine Ermutigung und eine besondere Freude, damit sie leben kann."

Nach Dienstschluß und an den Wochenenden kümmerte Margret sich um sie.

Nach und nach erfuhr ich, was Margret alles nach Dienstschluß tat. Sie suchte neue Arbeitsstellen für ihre beiden Brüder. Sie mußte „schnell einmal" hereinschauen bei einer ihrer Schwestern, die es nach Margrets Meinung so gut haben könnte, weil sie als einzige der gesamten Familie in einem Haus wohnte, sogar unter guten finanziellen Bedingungen. Aber hier mußte sie ab und zu ein energisches Wort mit dem Schwager sprechen, der Epileptiker war und seine schwangere Frau manchmal schlug. Sie mußte sich darum kümmern, daß ihre fünfzehnjährige Nichte eine Lehrstelle in einem Büro fand. „Cathleen wird die erste unserer Familie sein, die eine bessere Stellung haben wird", sagte Margret ganz stolz. Sie selbst konnte weder lesen noch schreiben, aber sie hatte einen guten Kontakt zu den Dienststellen der verschiedenen Behörden.

Margret war die unentbehrliche Tante für die ganze Sippe. Sie hatte dreizehn Geschwister und zweiundfünfzig Nichten und Neffen. Als ich sie fragte, wie sie es schafft, sich um alle zu kümmern, sagte sie: „Ich bin an Probleme gewöhnt. Man muß Vertrauen haben, und ich habe Vertrauen, weil ich weiß, daß Gott gut ist." Das war nicht einfach so dahingesagt. Margret besuchte fast täglich den Gottesdienst in einer benachbarten Kirche. Sie sagte öfter, daß Beten sie auch während der Arbeit innerlich entspanne und froher mache.

Bei einem Besuch in ihrem blitzblanken Wohnwagen fragte ich sie, was wohl für ihre Zukunft am wichtigsten sei. „Ich stehe schon seit sechs Jahren auf der Warteliste für eine Wohnung. Ich liebe den Wagen, aber er ist zu klein für drei Leute, und es ist so schwierig, die Ratten fernzuhalten, wegen des defekten Unterbodens. Ich bete täglich, daß sich unsere Wohnsituation einmal ändert. Vielleicht haben wir einmal Glück. Heiraten kann ich nicht. Was soll aus meinen Brüdern werden?"

Ich hatte jahrelang keine Nachricht mehr von Margret erhalten, bis mich vor einiger Zeit eine Karte „von einer Dank-Wallfahrt nach Lourdes" erreichte. „Nun leben wir in einem neuen Wagen. Er ist größer und schöner und einfacher zu pflegen. Und Lourdes gibt mir Frieden für lange Zeit." Die Nachricht hatte sie von einer Mit-Pilgerin schreiben lassen. Diese große Einfalt und Dankbarkeit rührt bis heute mein Herz, weshalb ich dieser irischen Frau in diesem Buch ein An-Denken bewahre.

Frau Sommer

Sie kam wöchentlich für zwei Tage in mein Krankenzimmer zur Chemotherapie. Sie sah nicht aus wie eine Krebskranke, sie machte nicht den Eindruck einer Patientin überhaupt. Sie war achtzig Jahre alt, wie sie später erzählte, sah viel jünger aus und war voller Schwung und Energie. Da sie auf der Station bekannt war, bestellte sie sich als erstes ein Frühstück, „ein richtiges", wie sie sagte. Tatsächlich brachte man ihr bald ein Tablett mit allem, was zu einem guten Frühstück gehört. „Ich habe schon eine Stunde im Garten gearbeitet, bevor ich weggefahren bin. Schließlich bin ich auch schon 60 km mit dem Auto hierhin gefahren. So habe ich mir mein Frühstück verdient. Und Appetit habe ich sowieso immer, was man mir auch ansieht."
Meine Zimmerkollegin und ich ahnten, daß mit der neuen Patientin Leben ins Zimmer gekommen war. Munter wurde sie aber erst richtig, nachdem sie eine halbe Kanne Kaffee getrunken hatte. Und da sprach sie zunächst über ihren Garten, den wir uns nach ihrer Schilderung in allen blühenden Farben der Blumen und Pflanzen vorstellen konnten. Frau Sommer – so nenne ich sie – war verliebt in ihren Garten, aber sie blieb nicht bei diesem Thema. Sie sprach über ihre guten Erfahrungen mit den Ärzten, Pflegerinnen und Pflegern auf unserer Station und versuchte, uns Neulingen Mut zu machen, wenn es ein wenig länger dauern sollte mit dem Krankenhausaufenthalt.
Bald erlebten wir, daß Frau Sommer nicht nur einen guten Appetit, sondern auch einen guten Schlaf hatte. Sie war mitten im Erzählen eingeschlafen; das erfuhren wir nicht nur, weil das Gespräch stockte, sondern weil ein nie gehörtes Getöse von Schnarchen einsetzte. Frau Sommer, die wir als neue Zimmerkollegin zunächst ori-

ginell fanden, wurde für uns nach und nach – sie schlief vier Stunden lang – zu einer richtigen nervlichen Belastung. Als sie aufwachte, war sie frisch und munter und sagte, daß sie nun runderneuert sei.

Nachdem ihre Infusion angeschlossen war, sprach sie über ihren „jetzigen" Krebs. Diesmal sei es ein Lymphknotenkrebs. Der Brustkrebs sei vier Jahre vorher gewesen und konnte geheilt werden. Viele Jahre zurück habe sie Unterleibskrebs gehabt. Er sei nicht so gefährlich gewesen wie die „Lymphgeschichte". Die Chemotherapie habe ihr immer geholfen. Sie habe dafür nie im Krankenhaus gelegen, sondern dies ambulant machen lassen – zwar mit einem großen Kräfteaufwand, aber sie sei zu Hause unentbehrlich gewesen, da zur Zeit des Brustkrebses ihr Mann wegen einer Beinamputation im Krankenhaus lag. Er sei inzwischen verstorben, und so lebe sie allein – mit ihrem Garten. Sie habe gute Nachbarn, hätte aber bis jetzt die Hilfe nicht gebraucht, die diese ihr vielfältig angeboten haben.
Nach diesem Krankenbericht wußten meine Zimmerkollegin und ich nicht, ob wir die Krankengeschichte einfach so glauben konnten. Wir wurden skeptisch, auch bei dem, was sie im Laufe des weiteren Tages erzählte. Eines besseren belehrt wurden wir jedoch, als der Chefarzt zur Visite kam und uns „Neulinge" mit den Worten ansprach: „Nun ihr Küken. Da ist eine richtige Wunderfrau in euer Zimmer gekommen. Von ihr kann man lernen, wie man mit Krankheiten und mit dem Leben umgeht. Ich kenne niemanden, der fähig war, so viele Kräfte zu mobilisieren, um die Krankheit zu besiegen, wie Frau Sommer. Hoffentlich hat sie euch schon einen kleinen Kick gegeben." Diese Ansprache freute natürlich Frau Sommer.
In einem Gespräch am kommenden Tag – nach einer von uns zwangsweise durchwachten Nacht trotz Oropax –

war nach der Arztvisite plötzlich das Thema Sterben im Raum. Diesmal könne sie an der Reihe sein, sagte sie. Nein, Angst habe sie keine, und sie lasse keine traurigen Angehörigen zurück, da sie keine nahen Verwandten habe. Aber sie wolle nicht so schnell sterben, wenigstens den Sommergarten noch erleben und ihn für das Frühjahr vorbereiten. Ansonsten habe sie ohnehin „die Papiere" fertig und auch das Geld bereitliegen, das man für eine Beerdigung brauche. Übrigens sei das Wort Beerdigung eigentlich ein schönes Wort, in dem deutlich werde, daß man mit Erde zugedeckt würde. Mit der Erde habe sie ja gute Erfahrungen. Ihre Vorstellung vom Himmel habe immer etwas zu tun mit einem Garten, einem Paradiesgarten. Sei es, wie es sei. Ängste habe sie nur, wenn die Schmerzen nicht auszuhalten seien.

Frau Sommer verließ uns nach zwei Tagen. Wir waren zunächst sprachlos über die mit ihr gemachten Erfahrungen und den unglaublichen Krankenbericht. Ihr Aufenthalt war für uns nicht nur ein Lehrstück im Umgang mit Krankheiten, sondern vor allem dafür, wie man Hoffnung und Lebenszuversicht leben kann trotz „Endzeitstimmung".

Sommerlied

Ich wünsche Dir ein Grammophon
in einem Rosengarten
und eine Bank als Ruheplatz
zum Träumen und zum Warten.

Ich wünsche Dir ein kleines Haus
mit Fenstern weit und Türen
und Wege, die von Dir zu mir
und zu den Freunden führen.

Ich wünsche Dir ein Zirkuszelt
mit silbernen Trompeten,
Du selbst darin als Clown versteckt
mit einem Lied für jeden.

Und Meeresrauschen wünsch' ich Dir
und auch der Berge Stille
und Vogelsang und Kindertanz
und Sommerblühn in Fülle.

Ich wünsche Dir ein Glockenspiel,
viel Sonne auch und Regen,
den Früchten Wachsen und Gedeihn
und Deinem Mühen Segen.

Ich wünsch' Dir ein Allwetterherz,
wenn sich die Wolken türmen,
Gelassenheit und rechten Mut
in allen Lebensstürmen.

Bianca – das Herz der Zirkustruppe

Als ich sie in der Eingangshalle mit einem etwa zwölfjährigen Mädchen stehen sah, dachte ich zunächst daran, daß sie eine Auskunft über eine Mutter-Kind-Kur suche. Als ich näher kam, um sie zu begrüßen, nahm ich ganz stark den Geruch von Pferden wahr, und ich wurde neugierig, welches Anliegen sie in unser Haus führte. Sie sah ein wenig ungewaschen aus, dafür aber ganz vital und geschäftstüchtig.

Das bestätigte sich sehr bald: Sie erzählte, daß sie aus einem Zirkus komme und „soziale Institute" besuche, um diesen das Angebot einer „Zirkusvorstellung vor Ort" zu unterbreiten. Als ich zunächst spontan ablehnte, berichtete sie über die positiven Erfahrungen, die sie bisher mit Kurhäusern und Altenheimen gemacht habe. „Wir sind in einer akuten Krise wegen der Fußballweltmeisterschaft und spielen überall vor fast leeren Zelten. So haben wir uns, obwohl wir ein renommierter Zirkus sind, entschlossen, das gesamte Team aufzuteilen und zu verschiedenen Zeiten an verschiedenen Orten unsere Vorstellung zu geben." Im Laufe des Gespräches erfuhr ich, daß Frau Bianca mit ihrem Mann für die Pferdedressur zuständig war und daß die Akrobatik-Abteilung mit von der Partie sei.

Wir vereinbarten den kommenden Abend als Termin für eine Aufführung. Die Honorarvereinbarung umfaßte einen bestimmten Betrag und eine „Brotzeit" für das Team nach der Vorstellung. Die Kurteilnehmerinnen reagierten erstaunlicherweise zurückhaltend auf dieses besondere Angebot. Sie meinten, es sei sicher nicht besser und schöner als die Zirkusvorstellungen im Fernsehen. Erfreulicherweise kam dann doch eine Anzahl von Frauen zur Vorstellung, weil sie miterlebten, wie am Nachmittag die Zirkuswagen mit den Pferden und Wohnwagen kamen und binnen kurzer Zeit ein wunderschönes Zelt im Park aufgebaut war. Frau Bianca war überall anzutreffen. Sie gab den Zeltaufrichtern Anweisungen; sie veränderte das vorgesehene Programm mit ihrem Team auf Grund der veränderten Raumsituation; sie gab den Akrobatinnen, von denen einige ihre Töchter waren, detaillierte Anweisungen. Schließlich versuchte sie ihren Mann zu beruhigen, dem die Platzsituation nicht so recht zu gefallen schien.

Es war eine unvergeßlich schöne Szenerie: Ein herrlicher Sommerabend, und rund um das Zelt standen die weißen, kleinen Pferde. An den Wohnwagen standen die Clowns in ihren Kostümen, und die bunt gekleideten Akrobatinnen waren zu sehen. Frau Bianca hatte alles im Blick. Noch eine letzte Anweisung an die kleine Zirkuskapelle, und die Vorstellung begann. Die Gäste dieses Abends waren eine bunt zusammengewürfelte Schar. Zu den Kurteilnehmerinnen gesellte sich eine Gruppe tunesischer Studenten, die zufällig im benachbarten Bildungshaus wegen eines Seminars anwesend war, eine Gruppe geistig behinderter Jugendlicher aus einer Werkstatt, die Mitarbeiter und Mitarbeiterinnen des Hauses sowie einige Kinder aus der Nachbarschaft.
Es wurde ein bezaubernder Abend im wahrsten Sinne des Worts. Frau Bianca führte mit ihrem Mann die Gruppe der Pferde an. In einem stets veränderten Kostüm war sie überall zu sehen. Letztlich dirigierte sie die gesamte Vorstellung, auch die der Akrobatinnen. Zum Schluß gab sie selbst noch eine Sondershow, indem sie sich an eine bebilderte Wand stellte und ihr Mann einen Strahlenkranz von Speeren um sie herum warf. Wie eine lächelnde Bildsäule stand sie da, wartete den Beifall ab und versammelte danach ihre Mannschaft zum großen Schlußapplaus. Bei der sich anschließenden „Brotzeit“ wurde noch einmal deutlich, wie sehr Bianca das Herz der

Truppe war. Sie hatte für jede und jeden ein Wort der Anerkennung oder Ermutigung. Den Frauen schien sie eine Art Schwester zu sein, für die Männer war sie ein Kumpel. Es war ihr möglich, zu dem Zeitpunkt Einhalt zu gebieten und zum Aufbruch zu mahnen, als für die Männer das Bier nicht mehr schnell genug floß. Zum Aufbruch bedeutete: Abbau des Zeltes und Räumung des Parkes. Alles geschah innerhalb einer Stunde, beinahe automatisch. Frau Bianca verabschiedete sich von allen Gästen, umarmte die Behinderten und äußerte immer wieder, daß sie selten so nah die Freude der Gäste erlebt habe, wie an diesem Abend. Bianca umarmte auch mich. Auch für mich war es eine große Freude, sie und die Menschen im Zirkus so nah zu erleben. Bis heute aber ist für mich eine wichtige Frage geblieben: Wie erlebt Bianca den „Strahlenkranz“, wenn sie am Tag der Vorstellung einen handfesten Krach mit ihrem Mann hatte?

Schwester Fidelis

Das ist nicht ihr richtiger Name, aber er paßt zu ihr. Nicht, daß sie immerzu fidel war, aber ihre Grundstimmung war heiter, lebensbejahend.
Wer ist sie? Eine Ordensfrau, die über zwanzig Jahre in einem Kurheim für Müttergenesung tätig war, eine meiner Kolleginnen. Ich kenne wenige Lebensdaten von ihr. Aber ich kenne sie dennoch gut, weil ich sie viele Jahre lang auf Tagungen und Seminaren traf. Und ich weiß von dem Ruf, der ihr hinterherging. Frauen, die in ihrem Haus zur Kur waren, sprachen immer wieder von ihr.
Was sie von ihr sagten? „Schwester Fidelis ist eine Pfundsfrau! Was sie alles kann und mit den Frauen unternimmt! Sie kann Auto fahren, Folklore tanzen, eine Bergtour mit den Flachlandtirolern machen – mit einer zünftigen Brotzeit –, als eingebürgerte Bayerin – aus Schwaben kommend – ein Faß Bier anschlagen; sie gestaltet Feste zu jeder Jahreszeit nach dem Motto: Feste feiern ist besser als feste arbeiten! Dabei arbeitet sie selbst täglich mehr als zwölf Stunden am Tag. Sie singt und betet mit den Frauen, auch mit denen, die mit dem Beten gar nicht mehr so in Übung sind. Sie sperren sich nicht dagegen, weil Schwester Fidelis keine Frömmlerin ist. Und zuhören kann sie!"

Was ich von ihr weiß, und wie ich sie erlebt habe: Schwester Fidelis kam aus keiner therapeutischen Schule oder Richtung. Durch ihr einfaches Dasein bewirkte sie jedoch Therapie, Heilung, Ermutigung. Sie war traurig mit den Traurigen; zum Fröhlichsein mußte sie ohnehin keinen inneren Anlauf nehmen. Die Frauen fühlten sich aufgehoben und geborgen bei ihr und ihren Mitschwestern, denen es ebenso wichtig war, den vielen erschöpften Frauen zur ganzheitlichen Gesundung zu verhelfen

und ihnen während der Kur durch Gespräche und Beratung neue Lebensorientierung zu geben.
Ich habe Schwester Fidelis zu manchen Zeiten unserer alljährlichen Tagungen erschöpft erlebt. Sie war zwar „unermüdlich" tätig, aber sie konnte auch von sich selbst sagen, daß sie müde sei. Dies kam nicht von der alltäglichen Arbeit, sondern von den vielen Lasten, die die Frauen abluden, von der Erfahrung, daß manchen Menschen nicht zu helfen ist, daß selbst stürmische Gebete keine Spontanheilungen bewirken, letztlich auch von der unbeantworteten Frage, warum manche Menschen mit einem so schweren Schicksal leben müssen.
Schwester Fidelis hat im Laufe der Jahre gelernt, viele Fragen offen zu lassen. Sie hat Schicksale erlebt, wie sie nicht einmal in der Bildzeitung zu finden sind. Sie hat den Menschen beigestanden mit einem langen Atem, mit Verstehen und Wohlwollen. Viel wurde ihr zugemutet in der Zeit ihrer Berufstätigkeit. Das hat sie herausgefordert, und das hat ihr letztlich selbst Mut gemacht.
Sollte ich Schwester Fidelis mit einem Wort beschreiben, so kann ich es nicht besser tun als mit dem bekannten Wort von Saint-Exupéry: „Man sieht nur mit dem Herzen gut!"

Glücklichsein ist keine Glückssache

Warum das einfache Leben so schwierig ist:

weil wir alles perfekt machen wollen
weil uns das Verzeihen so schwer fällt
weil wir Konflikte als schlimme Störungen sehen und nicht als Chance zu einer Veränderung
weil wir das Anderssein der anderen nicht gut akzeptieren können
weil uns zeitweise das Grundvertrauen fehlt zu einem Leben voller Überraschungen
weil wir uns selbst nicht Zeit lassen zum Wachsen und Reifen
weil wir Erfolg als Lebensglück sehen und Mißerfolg als unsere Fehlleistung
weil Geld uns Geltung verschafft und uns süchtig macht
weil wir nicht öfter einmal ein Lächeln zum Himmel schicken anstatt eines Stoßseufzers
weil wir die Schmetterlinge bewundern und die Raupen nicht
weil wir uns so wenig im Glücklichsein üben, sondern uns festhalten an Erinnerungen von Schmerz und Traurigkeit
weil uns die Gelassenheit fehlt und der Humor zu manchen Zeiten
weil uns die Güte und Menschenfreundlichkeit mehr und mehr abhanden kommen
weil wir schneller leben wollen, als es die Zeit erlaubt
weil uns das ein-fache Leben zu einfach ist.

Ohne sie wäre das Dorf ärmer

Seit fast fünfundsiebzig Jahren lebt sie in einem kleinen Westerwalddorf. Sie ist eines der jüngeren Kinder aus einer Familie mit elf Kindern. Ihre Biographie scheint auf den ersten Blick einfach:

Volksschule, Mithilfe in der kleinen elterlichen Landwirtschaft, Arbeitsdienst, Rückkehr. Alle Geschwister sind aus dem Haus. Weiterarbeit mit den alten Eltern in der Landwirtschaft. Sie ist zuständig für alles: säen, mähen von Hand auf den huckeligen Westerwälder Wiesen, pflügen mit den Kühen und Handpflug auf steinigem Boden, der ohne Düngemittel wenig hergab. Die Anschaffung von neuen Maschinen war für die kleine Landwirtschaft unrentabel und letztlich unmöglich.

Irgendwann, Anfang der sechziger Jahre, Einstellung der Landwirtschaft, wie die meisten kleinen Betriebe. Der Ertrag ist zu klein, nicht einmal zum wirtschaftlichen Überleben reicht es. Die Felder sind stillgelegt, die Kühe verkauft. Änny – so heißt die inzwischen gar nicht mehr so junge Frau – findet eine Stelle in einer Fabrik. Später ist sie verantwortlich für die Hauswirtschaft in einer Forstschule. Dort arbeitet sie bis zu ihrer Rente mit fünfundsechzig Jahren.

Dies sind die äußeren, mehr offiziellen Lebensdaten von Änny. Was ihr Leben eigentlich ausmacht, sind andere Seiten ihres Lebens. Änny war von Kindheit an aufgeschlossen und interessiert an vielen Dingen. So engagierte sie sich nach der Schulentlassung in der kirchlichen Jugendarbeit. Mit ihrem Vater, der mit Leidenschaft Musiker war, leitete sie viele Jahre den örtlichen Kirchenchor; sie war verantwortlich in der Frauenarbeit sowie in der Caritasarbeit ihres Kirchspiels tätig, zu dem sieben Dörfer gehören. Von den Menschen dieser Dörfer war sie angenommen, weil sie als ein Mensch erlebt

wurde, der nicht nur fromme Worte vortrug (zum Beispiel beim Gottesdienst), sondern immer zur Stelle war, wenn jemand gebraucht wurde. Das konnte heißen: kirchliche und örtliche Feste mitgestalten, Krankenhausbesuche machen oder auch mit einigen Frauen die Kirche putzen. Durch ihre besondere Begabung, mit Menschen umzugehen, war sie beliebt und wurde in ihren Anliegen ernstgenommen, sogar von den jeweiligen Pfarrern.
Letztlich ahnte jedoch niemand, wieviel Zeit und Kraft sie in die sogenannten ehrenamtlichen Aufgaben investierte.

Gerade als Änny als Rentnerin hätte endlich ein wenig ausruhen können, nahm sie eine ihrer schwer pflegebedürftigen Schwestern bei sich auf, die sie einige Jahre – bis zu deren Tod – pflegte. Eine zweite ältere Schwester, die ebenso pflegebedürftig wurde, nahm sie danach in ihr Haus auf. Daneben kümmerte sie sich um weitere ältere Geschwister, die an verschiedenen, zum Teil entfernten Orten lebten.

Änny ist inzwischen 75 Jahre alt geworden. Sie kann auf ein Leben voller Arbeit, selbstauferlegter Pflichten und ihr übertragener Aufgaben zurückblicken, aber auch auf ein Leben, das segensreich und erfüllt war. Änny ist unverheiratet geblieben, aber sie ist kein altes Mädchen, sondern eine Frau mit einem jung gebliebenen, bewegten Herzen. Sie gehört zu dem Kreis der Frauen, deren Freunde oder Verlobte nicht mehr aus dem Krieg zurückkamen. So wie sie leben fünf andere Frauen mit einem ähnlichen Lebensweg in dem kleinen Dorf. Auch von ihnen hätte ich schreiben können. Änny steht für sie. Eines ist jedenfalls ganz sicher: Ohne diese starken Frauen wäre dieses Dorf um einiges ärmer.

Hoffnung weitergeben

Eine Laienpredigt von Dagmar Diefenbach

Ich hoffe, daß es dir gutgeht. Ich hoffe, daß du mir nicht mehr böse bist. Ich hoffe, daß ich gesund bleibe. Ich hoffe, daß mein Sohn Frank seine Arbeitsstelle behält. Ich hoffe auf das Ende aller Kriege. Ich hoffe auf den Frieden in der Welt. Ich hoffe? Hoffe ich wirklich noch?
Ja! Ich bin froh, daß ich wieder hoffen kann!

Jeder von uns kennt solche und ähnliche Sätze aus dem Alltag. Jeder von uns kennt solche Situationen. Ich selbst kann von mir sagen, daß ich durch den Tod meiner damals neunzehnjährigen Tochter Claudia nahe dran war, den Glauben und auch die Hoffnung zu verlieren und mich ganz der Verzweiflung hinzugeben. Ja, ich wollte Claudia nachsterben. Lange Zeit haderte ich mit Gott, und es quälten mich viele Fragen, vor allem die nach dem „Warum". Warum läßt Gott das zu! Warum? Ist das lieb, Gott?
Ich hatte in meinem Leben schon früh lernen müssen, nicht nur passiv dazusitzen, nicht meine Hände in den Schoß zu legen und auf bessere Zeiten zu warten. Ich hatte lernen müssen – und das versuchte ich auch, meinen Kindern zu zeigen –, daß Hoffnung uns auch verpflichtet, aktiv zu werden, das Leben neu zu gestalten; denn ohne Hoffnung zu sein, heißt: aufgeben, resignieren, ja sogar sterben.
So versuchte ich dann, mich gegen meine dunkle Hoffnungslosigkeit zu wehren, und wurde langsam wieder aktiv, obwohl es mir anfangs sehr schwerfiel. Mir halfen, aus meiner seelischen Erschütterung herauszukommen, unter anderem die Selbsthilfegruppe „Eltern verstorbener Kinder", andere Trauerseminare und einige Erleb-

nisse in der Kurklinik: Einmal in der Woche traf ich mich dort mit singbegeisterten Kurgästen zum Volkslieder- und Kanonsingen. Am Schluß fand für die anderen Kurgäste immer eine kleine Aufführung unserer erlernten Lieder statt. Ich sorgte dafür, daß auch auf den Laternenwanderungen einige Abendlieder am Waldrand gesungen wurden. Schön war es zu erleben, wie sich alle von mir mitreißen ließen und gar nicht mehr aufhören wollten zu singen.
Nach meiner Abschiedsfeier, bei der fast nur gesungen wurde, kam ein liebenswürdiger älterer Herr auf mich zu, mit dem ich vorher kaum ein Wort gesprochen, sondern sechs Wochen lang nur gesungen hatte. Er war aber immer wortlos zur Stelle, wenn ich mal Unterstützung oder Hilfe brauchte, sowohl am Klavier als auch beim Koffertragen. Beim Abschiednehmen sagte er denn unter anderem zwei Sätze zu mir, zwei Sätze, die ihre Wirkung hatten und die mich heute noch begleiten: „Machen Sie so weiter!" sagte er und: „Gottes Segen mit Ihnen."
Und ich machte so weiter und bin immer noch dabei, so weiterzumachen. Die Worte „Gottes Segen mit Ihnen" empfand ich in meiner Situation so wohltuend. Ich hatte das Gefühl, als würde sich während dieses besonderen Augen-Blickes ein fester Knoten lösen oder etwas Verkapseltes sich wieder öffnen.
So erlebe ich heute noch das Singen, das Musizieren und die Musik als sehr hilfreich. Und seit diesem Erlebnis in der Kurklinik, das mir geholfen hat, den Glauben wiederzufinden, bin ich überzeugt, daß Gott uns im rechten Moment durch andere Menschen Botschaften sendet, die uns auf unserem Weg weiterhelfen sollen. Wir müssen sie nur erkennen.

Ich bin Sekretärin an der Beratungsstelle für Erziehungs-, Ehe- und Lebensfragen. Bei uns rufen täglich viele Menschen an, die Hilfe suchen bei der Lösung ihrer Probleme:

sei es nach dem Tod eines geliebten Menschen, nach einer Trennung, bei seelischen Überlastungen, bei großen existentiellen Sorgen, bei Lebensängsten, bei Einsamkeit, bei Selbstmordabsichten usw. Diese Ratsuchenden zeigen eines immer ganz deutlich, obwohl sie es selbst oft gar nicht so bemerken: Sie haben noch Hoffnung. Hoffnung auf Hilfe, sonst würden sie nicht bei uns anrufen. Vielleicht fehlt der einen oder dem anderen der Glaube oder ein Stück Liebe, aber Hoffnung haben sie immer noch.
Es bleibt Aufgabe für uns in den Beratungsstellen, aber auch für unsere Gemeinden, Menschen in ihrer Hoffnung zu ermutigen. Dies kann jeder von uns tun, indem wir ihnen zum Beispiel unsere Aufmerksamkeit schenken oder ihnen einfach freundlich zulächeln; denn schon ein kleines Lächeln kann wie ein warmer Sonnenstrahl für den einsamen oder traurigen Menschen sein.
Wir sollten nicht über sie reden, sondern mit ihnen sprechen und versuchen, uns mal in ihre Lage zu versetzen, sie mit ihrem Kummer ernstzunehmen. Wir sollten ihnen also zuhören, aktiv zuhören, und uns – wie ich es selbst erleben konnte – von Gott zu diesen Menschen führen lassen, damit Hoffnungslosigkeit in Hoffnung und Hoffnung in Frieden mit Gott verwandelt werden kann. Wenn wir an dem anderen Menschen Hoffnungslosigkeit erleben, können wir Hoffnung vermitteln. Sie ist der erste Schritt zur Veränderung: bereit zu sein, Frieden zu machen, zum Beispiel in unseren Gedanken, in unseren Familien, zwischen unseren Mitmenschen.
Hoffnung auf Frieden heißt aber auch: Glaube an den Beistand Gottes. Das konnte ich selbst erleben. Wenn wir vom Glauben erfüllt sind, können wir Hoffnung ausstrahlen und an andere weitergeben.

Ist es nur ein Traum?

Ist es nur ein Trug,
daß die Hoffnung
jene trägt,
die sich tragen lassen?

Ist es nur ein Traum,
daß der Himmel
in uns ist,
auch in jeder Plage
aller dunklen Tage?

Ist es nur ein Wort,
daß wir auferstehen
mitten aus Vergehen,
immer wieder neu
zum Leben hier und dort?

Weisheit des Herzens

Sie hatte in ihren fünfundachtzig Lebensjahren niemals an einer Kur teilgenommen. Trotzdem habe ich sie kennengelernt. Vielleicht wußte ich zu ihren Lebzeiten weniger über sie als jetzt, da ich selbst älter und vielleicht sogar ein wenig weiser geworden bin. Um es nicht länger zu verheimlichen: Ich will versuchen, als letztes von meiner Mutter ein Portrait zu erstellen.

Meine erste Erinnerung an sie ist die, daß ich sie singen hörte. Eigentlich konnte meine Mutter nicht gut singen, aber dieses erste Lied ist in Melodie und Wort in meinem Gedächtnis haften geblieben. Es begann mit dem Text: „Einen gold'nen Wanderstab ich in meinen Händen hab'." Eigentlich war es kein Kinderlied, sondern ein Lied über Glaube, Hoffnung und Liebe. Ich kannte mit fünf Jahren den gesamten Text der drei Strophen, und ich mußte es öfters bei Verwandten und Bekannten vorsingen. Inhaltlich verstand ich nichts, aber der goldene Wanderstab hatte es mir angetan – eigentlich bis heute, wenn ich ihn in Zusammenhang mit dem Lebensbild meiner Mutter sehe. Ohne Stab und Stütze, ohne einen festen Lebensgrund, Vertrauen und Zuversicht auf Gott hätte das Leben meiner Mutter nicht so gelingen können, wie es letztlich rund und schön war, trotz vieler schwieriger Wegstationen.
Sehr wenig weiß ich eigentlich über die Zeit meiner Mutter vor ihrer Ehe: daß ihr Vater früh verstarb, ein Bruder im Ersten Weltkrieg blieb, daß sie mithelfen mußte in einem Lebensmittelgeschäft und der Landwirtschaft ihrer Mutter, daß sie an einem Ausbildungskurs teilnahm, um viele Jahre als Handarbeitslehrerin an der Dorfschule tätig zu sein. Alle weiteren Lebensdaten sind mir besser bekannt: Heirat, Hausbau, Eröffnung eines Dorfgasthauses

mit meinem Vater, Betreibung einer kleinen, arbeitsintensiven Landwirtschaft im unwirtlichen Westerwald. Kinderzahl: sieben, ich selbst die jüngste, angekommen im zweiundvierzigsten Lebensjahr meiner Mutter.

Ein therapeutisch „tiefsinniger" Mensch hat mir einmal die Frage gestellt, ob ich mich als siebtes Kind nicht als ein unerwünschtes Kind gefühlt habe. Seltsamerweise ist diese Frage nie bei mir selbst aufgekommen. Nicht, daß ich verhätschelt wurde oder besonders verwöhnt. Auch mit Anerkennung war meine Mutter sparsam. Aber öfter hörte ich von ihr die Worte, die mir bis heute nachklingen: „Was für ein Glück, daß wir dich haben." Ich bin sicher, daß dies kein pädagogischer Trick war, sondern ernst gemeint.

Daß meine Mutter Menschen ermuntern konnte, wußte ich erst, als ich selbst in meinem Beruf erlebte, wie wichtig diese Fähigkeit im sozialen Beziehungsfeld ist. In der kleinen Gaststube hat sie vielen Männern zugehört, die, müde von ihrer Arbeit in den Basaltbrüchen, einkehrten, um dann nach einer Pause mit der schwierigen Feldarbeit fortzufahren. Sie wußte von der Geldnot der einzelnen und war oft mutig genug, mehr oder weniger deutlich darauf aufmerksam zu machen, daß sie zu Hause erwartet wurden. So konnte sie manchem Familienstreit vorbeugen.

Ich sehe meine Mutter als eine fromme, lebenskluge, engagierte Frau. Sie wußte immer, wann und wo Nachbarn und Verwandte Hilfe brauchten, sehr zum Leidwesen von uns Kindern. Oft zählte sie uns die „leiblichen und geistigen Werke der Barmherzigkeit" auf, die sie aus dem Katechismus kannte, aber die auch in ihrem Leben zum Tragen kamen. Ich erinnere mich, daß Handwerksburschen und Hausierer oft bei uns am Tisch saßen und daß manche in unserer Scheune schlafen durften. Sie schickte während des Krieges oft Lebensmittelpakete zu entfernten Verwandten; sie schmuggelte während der

Nazizeit durch eine meiner Schwestern, die in Frankfurt lebte, Pakete ins Gefängnis. Sie ging zu Beerdigungen, „weil er keine Freunde hatte", weil jemand sehr jung oder sehr alt gewesen war. Die Toten zu begraben, fand sie wichtig, aber ebenso die Kranken zu besuchen, die Trauernden zu trösten. Sie war immer aufmerksam für Nöte in ihrem Lebenskreis und half selbstverständlich, ohne sich selbst als die „wohltätige" Frau zu sehen.

Vieles, was meine Mutter tat, hat uns als Kinder und Jugendliche geärgert. Ich selbst fand zu dieser Zeit andere Mütter interessanter, großzügiger, moderner. Ich hatte damals noch nicht entdeckt, daß meine Mutter nicht nur hilfsbereit, sondern sehr kreativ war in vielen Dingen.

Auch Brauchtum und Symbole waren ihr wichtig. Als ich zu einem Jahresaufenthalt nach Irland aufbrach, fand ich in meinem Koffer ein großes Stück Brot mit einem Segensspruch und der leisen Mahnung, das Brot zu Hause nicht zu vergessen. Und um die Weihnachtszeit herum erreichte mich in Irland ein Westerwälder Tannenbaum mit Wurzel. Den hatte sie mit vielen Mühen – damals, vor vierzig Jahren – von einem kleinen Westerwaldbahnhof aus auf den Weg nach Irland gebracht, und dort wuchs er in einem Klosterhof tatsächlich an.

Umgang mit allem Lebendigen, ohne daraus einen Kult zu machen, war ihr selbstverständlich. Es blieb bei ihr immer das Staunen, daß der Same aufging und zur Ernte wuchs. Gearbeitet hat meine Mutter unermüdlich, eigentlich viel zuviel. Ich habe jedoch selten erlebt, daß sie sich gestreßt fühlte, wobei das Wort damals ohnehin nicht in Gebrauch war. Trotz aller Arbeit fand sie Zeiten, um sich zu generieren, so zum Beispiel beim Gang zur Kirche, beim Gespräch mit Gästen, beim Lesen der Tageszeitung nach einem arbeitsreichen Tag oder beim Schreiben eines Briefes. Es blieb ihr bei allem die Achtsamkeit auf die kleinen und wesentlichen Dinge, die ihr Leben erfüllt und reicher machten.

Den Stein der Weisen
kannst du nicht suchen
sondern nur finden.

Er liegt nicht
hinter den Bergen
im Wunderland
sondern mitten auf deinem Weg
durch viele Tage Alltag.

Vielleicht auf einer Wegkreuzung
wo du die Richtung
nicht mehr weißt
aber dennoch
unbeirrt weitergehst.

Keine Wunder bewirkt
der Stein der Weisen
aber du wunderst dich
wie du mit ihm
leichten Herzens
die schweren Wege gehst
und ohne Kompaß ankommst
in der Stadt auf dem Berge
deiner angestammten Heimat.

Nachwort der „Katholischen Arbeitsgemeinschaft für Müttergenesung“

Frau Baldus-Cohen-Or hat einen großen Teil ihres Berufslebens der Müttergenesungsarbeit gewidmet. Ihre konkreten Erfahrungen als Therapeutin und Hausleiterin in einem Müttergenesungshaus setzte sie jahrzehntelang dafür ein, dieses spezielle Feld der Frauengesundheit zu professionalisieren – auch über ihren eigentlichen Arbeitsbereich hinaus.

Bereits Mitte der zwanziger Jahre – zwischen den beiden Weltkriegen – entstanden die ersten Erholungsheime für Mütter. Sie wurden u.a. von kirchlichen Frauenverbänden gegründet, um ausgehungerten, oft an Leib und Seele erkrankten Müttern eine Erholungszeit zu ermöglichen. Wie den Berichten über die Gründungsjahre zu entnehmen ist, gab es schon in den Anfängen breitgefächerte Konzepte der Erholungsarbeit. Neben dem Anliegen, die Frauen in ihrer Gesundheit zu stärken, war es gleichzeitig wichtig, Hilfen für die eigene Lebensgestaltung zu vermitteln. Besonders in Einrichtungen der Frauenverbände gab es das Bestreben, die Frauen zur Mitgestaltung des gesellschaftlichen, politischen und vor allem kirchlichen Lebens zu aktivieren.

Viele Wandlungen hat die Müttergenesungsarbeit inzwischen erlebt. Sie ist jedoch immer ein wichtiger Teil kirchlicher caritativer Frauen- und Familienarbeit geblieben. Die Müttergenesungsarbeit hat sich stets auf die Fragen und Probleme der jeweiligen Frauengeneration eingestellt.
1950 sammelte Elly Heuss-Knapp, die Frau des ersten Bundespräsidenten, die in den kirchlichen Frauenverbänden und den Verbänden der Freien Wohlfahrtspflege

vorfindbaren Ansätze der Müttererholung und gründete die Elly-Heuss-Knapp-Stiftung – Deutsches Müttergenesungswerk –. In ihr arbeiten fünf Trägergruppen zusammen: Arbeiterwohlfahrt, Deutscher Paritätischer Wohlfahrtsverband, Deutsches Rotes Kreuz, Evangelische Arbeitsgemeinschaft für Müttergenesung. Die katholische Trägergruppe ist die „Katholische Arbeitsgemeinschaft für Müttergenesung e.V.". Ihr gehören folgende Verbände als Mitglieder an: Caritaskonferenzen Deutschlands CKD, Deutscher Caritasverband DCV, Katholischer Deutscher Frauenbund KDFB, Katholische Frauengemeinschaft Deutschlands kfd.

Der Verein vertritt die Müttergenesung im kirchlichen und außerkirchlichen Bereich. Er fördert und koordiniert die Müttergenesungsarbeit im katholischen Bereich. Zu diesem Zweck arbeiten Trägerverbände und Diözesen eng zusammen. Die satzungsmäßigen Aufgaben umfassen finanzielle Zuwendungen an kur- und genesungsbedürftige Mütter und die Förderung kurbegleitender Maßnahmen – insbesondere Kurvorbereitung und Kurnacharbeit. Außerdem gehören Zuschüsse zur Erhaltung und Errichtung von Müttergenesungseinrichtungen dazu sowie Öffentlichkeitsarbeit für die Idee der Müttergenesung.

Von den etwa 45000 Frauen und 15000 Kindern, die bisher jährlich in die Häuser des Müttergenesungswerkes kamen, führten etwa 12000 Frauen ihre Kur in einem katholischen Müttergenesungshaus durch.

In der Öffentlichkeit wird die Müttergenesungsarbeit immer noch vorwiegend mit der jährlichen MGW-Sammlung in Erinnerung gebracht. Das therapeutische Kurgeschehen mit seinen positiven Auswirkungen für viele Familienfrauen wird hingegen zu wenig wahrgenommen. Zwar ist bekannt, daß Frauen heute durch vielfältige Anforderungen in ihrer Aufgabe als Mutter, Partnerin, Hausfrau und Berufstätige überlastet und überfordert sind. Aber es ist zu wenig bekannt und anerkannt, welche Hilfe diese spezifischen Kuren Müttern vermitteln können, daß sie oft eine Überlebenshilfe, ein letzter Rettungsanker für viele Frauen sind.

Mütter kommen oft mit einer Vielzahl von Beschwerden und Erkrankungen zur Kur. Dabei handelt es sich oftmals um psychosoziale Störungen, die in der Frauengesundheitsforschung auch als „Frauensyndrom" beschrieben werden. Fragt man nach den Ursachen der Erschöpfung und Erkrankung der Kurteilnehmerinnnen, so erfährt man, daß sie häufig in ihrer Familienverantwortung überfordert sind. Dies trifft in hohem Maß bei Alleinerziehenden zu, die durch Haushalt, Berufstätigkeit und oft sehr geringes Einkommen belastet sind. Aber auch durch Trennung oder Scheidung befinden sich Frauen in einer schweren Krise. Frauen kümmern sich häufig im Rahmen ihrer Familientätigkeit um pflegebedürftige, kranke, behinderte oder arbeitslose Angehörige; viele sind selbst arbeitslos. Ein nicht kleiner Teil steht nach Ablauf der Erziehungsphase vor oder in einer Umbruchsituation. Viele benötigen dringend eine Kur nach einer Operation und längerer schwerer Erkrankung.

Wenn Frauen in Beratungsgesprächen ihre Probleme benennen, so wird fast immer deutlich, daß sie sich insgesamt allein gelassen fühlen. So groß auch die finanziellen Sorgen vieler Frauen sind, so scheinen sie diese Probleme weniger zu belasten als Mangelerlebnisse anderer Art. Es fehlt oft an grundsätzlicher Bestätigung der Hausfrauenarbeit. Es fehlen Kontakte, Freundschaften, Zuwendung, gerade bei der Gruppe Alleinerziehender, getrennt oder geschieden Lebender. Man ist nicht gefragt, fühlt sich abgelehnt, nicht geliebt, empfindet sich als nicht wichtig, auch wenn man unermüdlich zuständig sein muß und darüber kraftlos geworden ist. Es fehlt der Mut, auf andere zuzugehen, manchmal fehlt jede Hoffnung und Zuversicht.

In dem vorliegenden Buch beschreibt Frau Baldus-Cohen-Or, daß Müttergenesungskuren für viele Frauen Raststationen bedeuten, die sehr oft neue Lebensermutigung ermöglichen. Um so schwerer wiegt die durch die Gesundheitsreform aufgetretene Krise für die kurbedürftigen Familienfrauen. Mit vielen anderen hoffe ich, daß die spezifische Arbeit der Müttergenesung trotz der akuten Sparmaßnahmen weiterhin Zukunft haben wird.

Ich wünsche dem Buch viele Leserinnen, vor allem auch Leser, die die „Lichtspuren“ hier und auch anderswo entdecken.

Freiburg, im November 1997

Therese Drakew

Geschäftsführerin der „Katholischen Arbeitsgemeinschaft für Müttergenesung e. V.“